金融产品
数字化营销
（中级）

清控紫荆（北京）教育科技股份有限公司　主编

清华大学出版社
北　京

内 容 简 介

本书是"金融产品数字化营销（中级）职业技能等级证书"认证考核专用教材，以经典 4P 理论为基石，以营销升级和实操运用为前提，以主流金融产品的梳理分析为落脚点，以数字化营销方案的流程设计、消费者数字画像、客户旅程地图等理论为辅助，以多样化的数字触达手段为抓手，以基于特定人群、产品和场景的数字化营销方案设计为核心目标，引导学生掌握数字经济时代下的相关理论知识，在求职和创业中获得实战先机。本书具有理论扎实、观点前沿、讲解翔实、案例丰富、流程科学、实操精准等特点，适用于高职院校金融及营销相关专业在读学生，希望就职金融行业的学生，以及金融和数字化营销领域相关工作人员。

本书封面贴有清华大学出版社防伪标签，无标签者不得销售。

版权所有，侵权必究。举报：010-62782989，beiqinquan@tup.tsinghua.edu.cn。

图书在版编目(CIP)数据

金融产品数字化营销：中级 / 清控紫荆（北京）教育科技股份有限公司主编 . — 北京：清华大学出版社，2021.5（2024.7重印）

ISBN 978-7-302-58073-7

Ⅰ.①金… Ⅱ.①清… Ⅲ.①金融产品—市场营销学 Ⅳ.①F830.9

中国版本图书馆 CIP 数据核字(2021) 第 079267 号

责任编辑：陈　莉　高　屾
封面设计：周晓亮
版式设计：方加青
责任校对：马遥遥
责任印制：宋　林

出版发行：清华大学出版社
　　　　网　　址：https://www.tup.com.cn，https://www.wqxuetang.com
　　　　地　　址：北京清华大学学研大厦A座　　邮　　编：100084
　　　　社 总 机：010-83470000　　　　　　　　邮　　购：010-62786544
　　　　投稿与读者服务：010-62776969，c-service@tup.tsinghua.edu.cn
　　　　质 量 反 馈：010-62772015，zhiliang@tup.tsinghua.edu.cn
印 装 者：小森印刷霸州有限公司
经　　销：全国新华书店
开　　本：185mm×260mm　　印　　张：12.75　　字　　数：312 千字
版　　次：2021 年 7 月第 1 版　　　　 印　　次：2024 年 7 月第 5 次印刷
定　　价：58.00 元

产品编号：092246-01

编委会

主　编：张恩忠
副主编：肇　越　金　梅
编　者：

丁　毅	董浩洁	段娟娟	葛　蒙	郭宝林	侯亚军	李北伟	李红艳
李亚青	李瑩颖	刘　岚	刘迺莹	刘微娜	罗及红	孟庆海	施晓春
孙文博	王迎迎	魏国强	吴　双	熊建宇	曾慧萍	张　莉	张　霞
张晓东	张业圳	张召哲	赵　妮	邹　浩

丛书序

随着互联网、移动互联网、大数据时代的到来，教育系统为适应环境，发生了很大的变化。

党的十九大报告提出："加快建设制造强国，加快发展先进制造业，推动互联网、大数据、人工智能和实体经济深度融合，在中高端消费、创新引领、绿色低碳、共享经济、现代供应链、人力资本服务等领域培育新增长点、形成新动能。"我们应有的放矢，加快推动高新技术与实体经济的融合发展，使互联网、大数据、人工智能更好地为我国传统产业转型和实体经济发展注入新的动能、释放新的活力。

2020年9月，国家互联网信息办公室印发《数字中国建设发展进程报告(2019年)》。该报告显示，2019年我国数字经济呈现持续增长态势，并且发展质量和效益均显著提高，数字经济结构不断优化升级，我国数字经济向高质量发展持续迈进。在此背景下，国务院于2019年印发《国家职业教育改革实施方案》，明确职业教育同普通教育一样具有同等重要的地位。基于此指导原则，2019年4月4日，教育部、国家发展改革委、财政部、市场监管总局联合印发了《关于在院校实施"学历证书+若干职业技能等级证书"制度试点方案》(该制度简称"1+X证书制度")，通过初、中、高等级别的设置，开发职业技能等级证书，培养复合型技术技能人才。

1+X金融产品数字化营销职业技能等级证书的总体设计对标数字经济时代金融产品数字化营销新业态和岗位群，采用大数据能力测评模型，从主要工作领域、工作任务、技能要求三个层次进行对岗测评，解析初、中、高三个职业技能等级，搭建相应的综合能力框架，形成金融产品数字化营销职业技能等级标准。其以学习者为中心，开展书证融合、课证融合、场景融合、教培融合、产教融合，并服务于院校专业建设、课程建设、教师队伍建设，深化"三教"改革。

为了更好地配合金融产品数字化营销职业技能等级证书相关步骤的执行，清控紫荆(北京)教育科技股份有限公司依据金融产品数字化营销职业技能等级标准与考核大纲，组织开发了金融产品数字化营销系列教材，包括初级、中级、高级等级认证的通用必修内容。本系列教材具有以下特色。

一、按部就班、循序渐进

初级教材以市场营销理论框架为主、数字化营销概念及金融产品营销为辅，旨在建立学生对相关概念的基本认识。中级教材减少了市场营销理论层面的篇幅，着重说明数字化营销策略的升级,以及不同维度下金融产品数字化营销的实际方案优化与应用。高级教材重点培养学生如何在实际营销工作中灵活运用各种数字化营销工具,并针对产品制订综合性的数字化营销方案。

二、重视基础理论框架

优秀的实践需以理论为基础,两者相辅相成,方能拔高层次、不断创新。因此,本套教材重视市场营销基础理论,例如市场细分、目标市场与市场定位等战略层面的概念,以及产品、价格、分销渠道、销售促进等战术层面的知识,使学生正确认识市场营销学科,夯实学生知识理论框架。

三、完善的配套教学资源

本套教材拥有配套的"金融产品数字化营销"学习系统,是集"学、研、练、考、评"于一体的学习平台。根据考证需求不同,其设置不同的课程,对学生因材施教。学生端以学习课程和做题练题为主,除课程视频外,亦有模拟考试、错题集合与收藏试题等功能,巩固学习效果。教师端以查看和学习课程为主,可查看课程视频,并对应讲义进行学习与下载,加速备课效率。

四、强化教材内容互动

本套教材围绕每章学习目标,以"必需、够用"为原则,选取核心知识点;设计"想一想""读一读""练一练"等小栏目,以及融入丰富的案例,增加教材的互动性,鼓励学生"做中学"。

五、多元化案例

本套教材除了讲述金融产品的相关案例,还刻意引入大量其他行业经典与前沿的案例,例如快消行业的"宝洁"、快餐行业的"麦当劳"、咖啡行业的"星巴克"、影视平台的"爱奇艺"等。使学生在不断深化自身行业专业技能的同时,拓展视野,学习、了解并借鉴其他行业的成功营销实践。

本套教材在编写过程中,参考了许多专家学者的研究成果与文献资料,在此一并向他们致以诚挚的谢意。编者水平与时间有限,书中不足或力有未逮之处在所难免,在此恳请广大读者批评指正。

编者
2021年6月

前　言

2019年，国务院印发《国家职业教育改革实施方案》，明确职业教育同普通教育一样具有同等重要的地位，肯定了职业教育为我国经济社会发展提供有力的人才和智力支撑。随着我国经济进入新的发展阶段，产业升级和经济结构调整不断加快，各行各业对技术技能人才的需求越来越紧迫，职业教育的重要地位和作用也越来越凸显。但是，面对建设现代化经济体系的蓝图和"教育强国"的发展目标，我国职业教育还存在着体系建设不够完善、职业技能实训基地建设有待加强、制度标准不够健全、企业参与办学的动力不足、有利于技术技能人才成长的配套政策尚待完善、办学和人才培养质量水平参差不齐等问题。

由此，教育部在2019年4月启动了"学历证书+若干职业技能等级证书"（简称1+X证书）制度的试点工作，鼓励社会培训评价组织开发职业技能等级证书及标准，中、高等职业学校及应用型本科作为试点院校，将证书培训内容有机融入专业人才的培养方案，通过专业共建、校企合作、工学结合等方式，盘活院校和社会组织的场所、师资、课程等资源储备，共同助力复合型技术技能人才的培养和就业创业通道的拓展。

紫荆教育是由清华控股有限公司于2015年依托清华大学五道口金融学院的优质师资资源和雄厚研究实力创设而成的。"紫荆"二字取自清华大学校花"紫荆花"，寓意"自强不息，向美而行"。紫荆教育以教育为本、以科技赋能、以专业化为基础、以国际化为目标，通过研发和应用领先的教育科技，链接全球先进、前沿的教育资源，提供高端国际学位教育、职业教育和在线教育解决方案，为我国培养具有国际化视野和全球化思维的复合型和产业型高质量人才。成立至今，紫荆教育已与12所国内外院校达成合作，服务超过600家金融机构、行业协会、政府机关及高等院校，总研发课时超过5000小时，平台学习人数逾500万/人次。作为拥有雄厚实力和先进理念的龙头培训机构，紫荆教育第一时间响应国家关于推进职业教育改革的号召，发挥在金融教育领域深耕多年的优势，开发出了"1+X金融产品数字化营销"职业技能等级证书及标准，并成功通过教育部第四批"1+X"职业技能等级证书的审批立项。

2021年3月，十三届全国人大四次会议在京召开，李克强总理在政府工作报告中明确指出：加快数字化发展，打造数字经济新优势，协同推进数字产业化和产业数字化转型，加快数字社会的建设步伐。

近年来，数字经济呈现出不容忽视的快速发展态势。特别是全球新冠肺炎疫情形势的复杂与胶着，使得数字化模式成为企业应对线下困境、开展远程运维的有效手段，在国家复工复产、经济复苏的过程中，发挥了突出作用。数字经济已成为全球经济发展的新引擎，数字化转型已成为世界发展的共识。

作为数字化转型排头兵的金融行业，一直积极布局发展数字化营销。权威调查研究显示，国内金融机构在数字化营销上存在几大痛点。

① 新客获客手段相对单一，数字化应用和人员技能基础相对薄弱。

② 数字化系统建设不够完善，营销应用数字化手段不高，对内业务效率低，对外客户良好体验度不够。

③ 客户经营体系不完善，维护不到位，价值贡献低，缺乏高效的数字化营销体系设计；拥有大量的客户信息数据，但无法深度挖掘出有价值的客户洞见，难以围绕客户真正需求与体验打造"精准营销"。

④ 线上线下立体式的闭环式营销体系还没有建立，营销方式从组织架构到协同配合，还没有形成线上线下融合的完整闭环且有效的全渠道通路。

⑤ 缺少精通数字化营销技能的人才，也缺乏有效的人才培养体系。

"1+X金融产品数字化营销"职业技能等级证书及标准，就是为了解决上述金融机构的市场需求痛点，通过在高校中开展数字化营销的复合型、创新型人才的培养，适配金融行业用人缺口，打造一支知识体系完善、实用技能过硬的应用型人才后备军。

本书以高职、高专院校学生作为受众主体，提出五项任务。任务一通过经典4P理论的回顾，引导学生夯实与市场营销知识体系相关的知识，为之后的理论升级和实操运用奠定坚实的基础；任务二通过盘点金融产品的相关知识，深挖银行、保险、证券等领域的主流产品的分类和特点，帮助学生掌握跨学科知识；任务三主要介绍与数字化营销方案的流程设计相关的内容，包括消费者数字画像、客户旅程地图等升级营销理念，以及认知内容营销、社交媒体营销、移动营销、视频营销等数字化触达手段，并引导学生设计适应数字化时代趋势的营销方案，让营销人员与客户建立新型数字化关系；任务四和任务五基于特定人群、特定产品、特定情景，引导学生进行数字化营销方案设计，进而在求职和创业中获得实用抓手，轻松做到举一反三。

本书由紫荆教育组织国内数字化营销理论研究的顶尖院校学者、教授，以及金融行业龙头机构的资深专家和一线实践精英携手编著，具有理论扎实、观点前沿、讲解翔实、案例丰富、流程科学、实操精准等特点。紫荆教育希望借由此套教材，为推进国家的职业教育改革，为数字化转型中的金融机构的人才输送，为中国职业院校在校学生的复合型人才培养与创新创业、求职发展，贡献力量。

本书在编著过程中，囿于时间紧迫和能力水平，难免存在缺点和不足，恳请教师和读者不吝指正并提出宝贵意见，以便改正并在此后进一步提高。

紫荆教育资深副总裁　金梅

2021年春写于清华科技园

目 录

任务一　数字化营销

第一章　市场与市场营销 ·· 2
　　一、市场营销概述 ··· 3
　　二、市场经营观与市场营销体系 ··· 4
　　三、顾客满意、顾客期望与顾客让渡价值 ································· 5
　　四、从营销1.0到营销4.0 ·· 6

第二章　消费者市场 ·· 9
　　一、消费者市场的购买行为 ··· 9
　　二、传统消费者的购买决策过程 ·· 11
　　三、数字时代的消费者行为 ·· 12

第三章　市场细分、目标市场与市场定位 ···································· 13
　　一、市场细分 ·· 13
　　二、目标市场选择 ·· 15
　　三、市场定位 ·· 17
　　四、数字化营销的STP策略 ·· 18

第四章　品牌策略 ··· 20
　　一、品牌的概念 ·· 20
　　二、品牌的策略 ·· 21
　　三、培育品牌资产 ·· 22

第五章　产品策略 ··· 26
　　一、产品的相关概念 ·· 26
　　二、数字化营销的产品策略 ·· 29
　　三、数字化营销的服务策略 ·· 30

第六章 价格决策 ··· 32
　一、价格的相关概念 ··· 32
　二、数字化营销的价格策略 ·· 33

第七章 分销渠道决策 ·· 35
　一、渠道的相关概念 ··· 35
　二、数字化营销的渠道策略 ·· 37

第八章 促销组合决策 ·· 40
　一、促销组合与整合营销传播 ··· 40
　二、数字化营销的品牌沟通策略 ·· 41

第九章 客户关系管理 ·· 43
　一、建立客户关系 ·· 43
　二、挖掘客户价值 ·· 45
　三、管理客户忠诚 ·· 46

任务二　金融产品的相关知识

第十章 金融产品和金融营销 ··· 50
　一、金融产品 ·· 50
　二、金融营销 ·· 51

第十一章 银行产品分类及特点 ·· 55
　一、银行产品的分类 ··· 55
　二、银行产品的功能和特点 ·· 58
　三、银行营销人员的构成 ··· 66

第十二章 保险产品分类及特点 ·· 70
　一、保险产品的分类 ··· 70
　二、保险服务营销 ·· 73

第十三章 证券产品分类及特点 ·· 78
　一、证券的定义及分类 ·· 78
　二、证券的特征 ··· 79
　三、有价证券的分类及特点 ·· 79
　四、证券服务营销 ·· 82

第十四章　金融产品数字化营销理念 ········· 85
一、金融产品数字化营销环境 ········· 85
二、行业数字化营销的理念及发展趋势 ········· 90

任务三　数字化营销方案的流程设计

第十五章　消费者数字画像 ········· 96
一、消费者画像的意义与特点 ········· 97
二、消费者画像的价值转化 ········· 101
三、客户旅程地图 ········· 103

第十六章　数字化信息传播 ········· 107
一、数字化信息传播的定义和特点 ········· 107
二、数字化信息传播的分类 ········· 108
三、数字化信息传播的常用工具 ········· 108
四、从自有媒体、付费媒体、赚得媒体到聚合媒体 ········· 113

第十七章　建立数字化关系 ········· 115
一、数字化营销持续关系的内涵 ········· 115
二、数字化关系建立的步骤 ········· 117

第十八章　社群经营的变现 ········· 126
一、社群资格收费 ········· 127
二、社群产品销售 ········· 128
三、社群媒体变现 ········· 130
四、社群成员变现 ········· 131
五、社群信任扩散 ········· 132
六、社群数据变现 ········· 133

任务四　基于特定人群和特定产品的数字化营销方案设计

第十九章　基于特定人群的数字化营销方案设计 ········· 136
一、了解客户需求 ········· 139
二、风险矩阵下的资产配置 ········· 142
三、客户生命周期 ········· 144
四、典型人群的数字化营销方案 ········· 145

第二十章　基于特定产品的数字化营销方案设计 ……………………………………… 155
　　一、混合型基金的数字化营销方案 …………………………………………………… 155
　　二、商业医疗保险的数字化营销方案 ………………………………………………… 157

任务五　基于特定情景的数字化营销方案设计

第二十一章　特定情景下的数字化营销方案 …………………………………………… 164
　　一、新客流量快车 ……………………………………………………………………… 164
　　二、TIP活动设计 ……………………………………………………………………… 167
　　三、提升复购攻略 ……………………………………………………………………… 168
　　四、内容营销 …………………………………………………………………………… 170

第二十二章　营销方案优化和调整 ……………………………………………………… 175
　　一、数据分析检视效果 ………………………………………………………………… 175
　　二、营销方案优化措施 ………………………………………………………………… 182

任务一
数字化营销

第一章 市场与市场营销

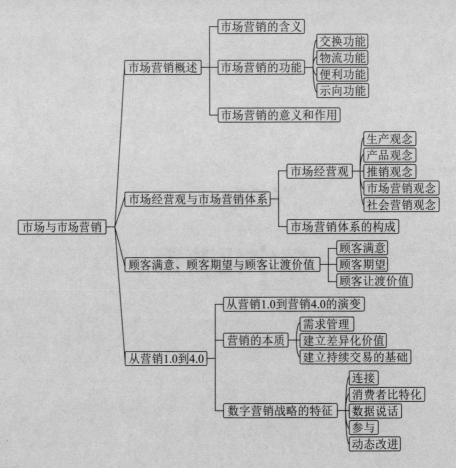

学习目标

1. 理解市场营销的意义和功能
2. 比较5种主要的市场经营观
3. 理解市场营销体系的构成
4. 理解顾客让渡价值与顾客满意之间的关系
5. 了解营销4.0的含义和特征

一、市场营销概述

(一) 市场营销的含义

营销本质上是一个商品交换的过程。在不断变化的市场环境中，营销是一个旨在满足消费者需求和实现企业目标的商业活动过程。市场营销需要利益相关者的共同努力，创造对全社会有价值的产品和服务，在追求客户满意度的同时实现企业经营目标。市场营销包括市场调研、目标市场选择、定位、产品开发、产品定价、渠道选择和产品推广、运输、仓储和销售、服务提供等与市场有关的企业经营活动。

(二) 市场营销的功能

市场营销具有4个功能，具体如下。

1. 交换功能

交换是市场营销的核心，市场营销通过市场交换引导企业的产品和服务从生产者、经营者流向消费者和用户。交换功能包括购买和销售的各个过程。

2. 物流功能

市场营销通过物流，将企业生产的产品以最迅速、最合理、最科学的方式送到客户手中，完成市场营销的最后一个环节。物流功能包括货物的运输和存储。

3. 便利功能

市场营销通过多方面手段便利交换、便利物流，从而保障交换功能和物流功能的实现。便利功能包括资金融通、信息沟通和产品标准化和分级等。

4. 示向功能

企业通过对市场的调查、研究和分析，描绘出消费需求对产品的预期，以及市场上的供求态势、竞争状况，从而推出适销对路的产品，是一个具有战略意义的功能。示向功能包括对消费者需求、市场供求态势和竞争状况的分析。

(三) 市场营销的意义和作用

市场营销的根本任务是解决生产和消费的分离、差异和矛盾，使生产者的供给适应消费者或使用者的不同需求和欲望，实现生产和消费的统一，即解决生产和消费的矛盾，满足日常消费或生产的需要。因此，市场营销在寻求社会生产和社会需求之间的平衡方面起着重要的作用。

二、市场经营观与市场营销体系

(一) 市场经营观

市场经营观是贯彻于企业市场营销活动的指导思想,它的核心问题是:以什么为中心来开展企业的生产经营活动?

1. 生产观念

企业以改进、增加生产为中心,"我们生产什么就卖什么"。例如,张裕葡萄酒拥有百年的金字招牌,多次在国际、国内获得大奖,却在开始转向市场经济的时候秉承生产观念,盲目生产,等客上门,导致1989年公司产值较上一年下降了2.5%,产量下降了26.2%,近一半的酒积压在仓库里。

2. 产品观念

生产者只要注意提高产品质量,注意物美价廉,顾客就会自动找上门,不用花大力气开展推销活动。例如,美国爱尔琴钟表公司在营销中一直强调生产优质产品,并通过珠宝商店、大百货公司等构成的市场营销网络分销产品。1958年以后,消费者更青睐经济、方便且新颖的廉价手表,其他制造商纷纷生产低档产品,并通过廉价商店等大众分销渠道销售,爱尔琴公司在此时没有意识到市场形势的变化,仍然生产传统手表,并借助传统渠道销售,致使公司遭受了重大挫折。

3. 推销观念

只要企业努力推销什么产品,顾客就会更多地购买什么产品。例如,感冒药市场品牌众多,竞争激烈,各个感冒药企业都在根据自己产品的特点努力推销产品:中美史克公司推出新康泰克,产品卖点是12小时持续有效;PPA事件后,三九感冒灵第一时间打出不含PPA成分的卖点;白加黑提炼出感冒药中的瞌睡成分,打出早晚分服的概念。

4. 市场营销观念

消费者需要什么产品,企业就应该生产、销售什么产品。例如,海尔洗衣机的员工发现农民使用洗衣机洗红薯上的泥土,于是研发能洗红薯的洗衣机,并将其投放到农村市场;发现洗衣机在夏天不好卖,原因是老百姓觉得现在售卖的大容量洗衣机在夏天浪费水电,于是适时推出了洗衣量只有1.5公斤的洗衣机,不到两年,小容量洗衣机热销全国,并且出口到日本和韩国。

5. 社会营销观念

企业提供产品,不仅要满足消费者的需要和欲望,还要符合消费者和社会的长远利益。例如,贝因美集团发现婴幼儿健康是一个特殊的朝阳产业,无论是站在人类的角度还是纯粹的商业角度,该产业都有极为重要的意义。但是最初,国内婴幼儿食品市场份额基本被外国品牌占据,贝因美只能另辟蹊径。贝因美发现由于种族、地域的差异性,适合国外婴幼儿的食品并不一定适用于国内。通过进一步的研究,他们发现,国外婴幼儿食品乳糖很高,而国内有近10%的婴儿有乳糖不耐性;另外,中国婴儿容易缺乏碘,所以必须在婴儿食品中进行补充,等等。借助社会营销观念,贝因美研发专门适用国内婴儿的食品,最终实现了社会利益和企业利益的双赢。

上述5种市场经营观可以归并为两大类：一类是传统经营观念，包括生产观念、产品观念和推销观念；一类是新型经营观念，包括市场营销观念和社会营销观念。传统经营观念的出发点是通过增加生产或者加强推销力度，将产品卖出去，通过扩大销售来获利；新型经营观念的出发点则是满足顾客的需求，力求通过各种市场营销方法来满足顾客的需求，进而获利。

(二) 市场营销体系的构成

完整的市场营销体系包括4项主要内容：市场与需求分析、目标市场战略的制定、营销组合策略的策划，以及战略与策略的组织与实施(见图1-1)。

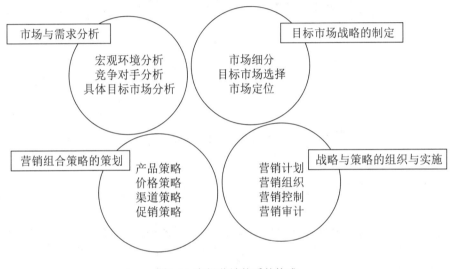

图1-1　市场营销体系的构成

三、顾客满意、顾客期望与顾客让渡价值

(一) 顾客满意

当企业所提供的产品与服务达到消费者的预期时，顾客就会满意，否则顾客就会不满意。顾客满意是消费者的一种心理状态和自我体验，具体包括产品满意、服务满意和社会满意三个层次。

(二) 顾客期望

顾客希望企业提供的产品或者服务能满足其需要。只有当顾客对产品和服务的体验达到或超出顾客期望时，顾客才会满意。

(三) 顾客让渡价值

顾客让渡价值，即企业为了让顾客满意而为顾客提供的最大价值，是顾客总价值(顾客购买某一产品和服务所期望获得的利益)与顾客总成本(顾客为购买某一产品所消耗的时间、精力和资金)之间的差额(见图1-2)。

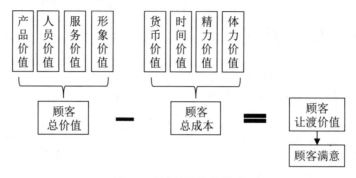

图1-2　顾客让渡价值模型

四、从营销1.0到营销4.0

(一) 从营销1.0到营销4.0的演变

菲利普·科特勒将营销分为营销1.0、营销2.0、营销3.0以及最新的营销4.0(见表1-1)。营销1.0始于工业革命时期的生产技术发展，当时的营销就是把工厂生产的产品全部卖给有支付能力的人。营销2.0以消费者为导向，西方发达国家信息技术的发展使得消费者可以更方便地获得和对比产品，此时营销的目的就是通过开发各式各样的产品来吸引更多的消费者。营销3.0把营销理念提升到了一个关注人类期望、价值和精神的新高度，此时的企业除了销售产品，还必须具备更远大的眼界，有服务于整个世界的使命和愿景，能努力解决当今社会存在的各种问题。而到了营销4.0，社交媒体的出现使得企业将营销的中心转移到如何与消费者积极互动、尊重消费者作为"主体"的价值观，让消费者更多地参与到营销价值的创造中来，也就是说，客户从过去被企业作为满足需求、实现销售收入与利润的对象，逐渐变成最重要的资产，和企业一起共创价值，企业和消费者、客户变成一个共生的整体。消费者在使用互联网过程中产生的各种痕迹数据成为企业开展营销的"第一手数据"，在未来，既懂营销，又懂如何处理、应用和洞察数据的人才将大有可为。

表1-1　从营销1.0到营销4.0

	营销1.0 产品中心营销	营销2.0 消费者定位营销	营销3.0 价值驱动营销	营销4.0 共创导向的营销
目标	销售产品	满足并维护消费者	让世界变得更好	自我价值的实现
推动力	工业革命	信息技术	新浪潮科技	价值观、连接、大数据、社群、新一代分析技术

续表

	营销1.0 产品中心营销	营销2.0 消费者定位营销	营销3.0 价值驱动营销	营销4.0 共创导向的营销
企业看待市场的方式	具有生理需要的大众买方	有思想和选择能力的聪明消费者	具有独立思想、心灵和精神的完整个体	消费者和客户是企业参与的主体
主要营销概念	产品开发	差异化	价值	社群、大数据
企业营销方针	产品细化	企业和产品定位	企业使命、远景和价值观	全面的数字技术,社群构建能力
价值主张	功能性	功能性和情感化	功能性、情感化和精神化	共创,自我价值实现
与消费者互动情况	一对多交易	一对一关系	多对多合作	网络型参与和整合

资料来源:艾拉·考夫曼著.曹虎,王赛,乔林译.数字时代的营销战略.北京:机械工业出版社,2017

(二) 营销的本质

1. 需求管理

挖掘消费者最本质的需求,以精益求精的态度打造可以满足消费者需求的创新产品。

2. 建立差异化价值

真正的营销应该是一门艺术,可以把人们的注意力恰到好处地引向企业的产品和服务。

3. 建立持续交易的基础

从"产品"思维向"客户"思维转变,只有提升消费者的忠诚度和黏性,企业才能长久地存续下去。

(三) 数字营销战略的特征

1. 连接

"连接"是互联网、数字时代的本质,"去中介化""粉丝经济""平台战略"都建立在连接的基础上。企业在制定数字营销战略时,要先利用社会化媒体,深化客户关系,让客户参与到企业的产品创造和运营当中。

2. 消费者比特化

在数字营销时代,我们可以对消费者的行为进行记录和跟踪,并将其转化为精确的可视化数据。企业在制定数字营销战略时,需要考虑如何有效地获得核心消费者的行为数据,并时刻关注这些行为数据的变化,把握消费者动态。

3. 数据说话

数据说话,即运营决策数据化,企业要跨越决策者和营销管理人员的主观判断,建立一套用"数字"说话的系统。

4. 参与

让消费者从产品设计到渠道选择等多方面参与到企业中,对企业产生归属感。

5. 动态改进

消费者数据更新频率不断变快,企业在调整自身战略的时候应做到快速迭代,做出动态改进。

思考题

1. 什么是市场营销?市场经营观有哪些?
2. 试述顾客让渡价值与顾客满意之间的关系。
3. 数字营销战略有哪些特征?

第二章 消费者市场

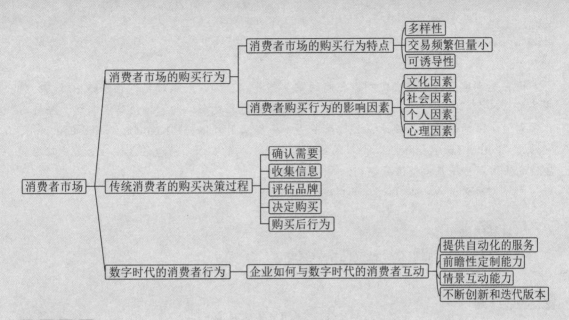

学习目标

1. 理解影响消费者购买行为的主要因素
2. 把握消费者的购买决策过程
3. 了解数字时代消费者行为的特征

一、消费者市场的购买行为

(一) 消费者市场的购买行为特点

市场营销学主要研究的是消费者市场,其核心是研究消费者的购买行为,即消费者购买商品的活动以及与这种活动有关的决策过程。消费者市场的购买具有以下主要特点。

1. 多样性

消费者市场的购买具有多样性,因为消费者人数众多且差异性大。

2. 交易频繁但量小

消费者市场购买人数多,市场分散,交易频繁,但是每次交易量不大。

3. 可诱导性

消费者的购买具有较大的可诱导性,受企业产品及广告宣传影响较大。

(二) 消费者购买行为的影响因素

消费者的购买决策受其文化、社会、个人和心理因素等影响，具体如下。

1. 文化因素

文化因素包括文化和亚文化群以及社会阶层。

案例实践

肯德基的不同名字

语言是地理区域中次文化群体之间的重要差异。在加拿大魁北克，熟悉的字母"肯德基爷爷"不是"KFC"，而是"PFK"。这是因为魁北克当地的官方语言是法语，当地人非常重视法语的纯洁性。因此，肯德基不得不根据法国习俗将"Kentucky Fried Chicken"直译为"Poulet Frit Kentucky"，以满足当地审查机构的要求。有趣的是，在官方语言也是法语的法国，肯德基按英语习惯仍缩写为"KFC"。

资料来源：http://www.ksxfp.org/sales/plan/3545.htm

2. 社会因素

社会因素包括参照群体、社交网络和家庭。

案例实践

梦露与香奈儿5号的故事

20世纪50年代，性感女神玛丽莲·梦露首次登上《生活》杂志封面。采访中，有记者问她："梦露，你穿什么睡觉？"她淡淡地答道："就几滴香奈儿5号(Chanel No.5)"。梦露活泼、纯净、自信、妩媚的嗓音成为无数人的美好记忆。玛丽莲·梦露的这番话，以及艾德·范葛许为其拍摄的身着礼服、胸前依偎着一瓶香奈儿5号香水的经典照片，将香奈儿5号镌刻为女性气质的永恒芬芳，也成就了香奈儿5号香水无与伦比的辉煌。经过这次采访，风靡多年的香奈儿5号再次爆红，成为当时所有女性梦想的单品，至今仍是这位传奇女神的代表香水。

资料来源：http://fashion.163.com/13/1020/22/9BLOH74N00264NBB.htm

3. 个人因素

个人因素包括年龄、性别、职业、文化程度、经济状况、生活方式，以及个性和自我形象等。

4. 心理因素

心理因素包括动机、感觉和知觉、学习、信念和态度等心理过程。

查一查

什么是阈下直觉广告，潜意识会对广告效果产生较大影响吗？

参考读物：林升梁. 隐藏的说客：潜意识广告研究. 厦门：厦门大学出版社，2009

二、传统消费者的购买决策过程

消费者的购买决策过程是由一系列相互关联和相互影响的活动构成的,很多活动早在实际购买以前就已经发生了,而且一直延续到实际购买之后。购买决策过程可以划分为以下5个阶段,但在实际的消费行为中,消费者往往会省去其中的某些阶段,有时还会颠倒它们的顺序。

(一) 确认需要

确认需要,即通过来自内部和外部的刺激,引发消费者的需求,诱发消费者产生购买动机。

(二) 收集信息

消费者的信息来源主要包括:家庭、朋友等熟人的介绍,商业性广告,报刊电视等大众媒体的宣传,以及试用、触摸等其他非商业性来源。

(三) 评估品牌

在此阶段,企业应该弄明白产品具有哪些消费者感兴趣的属性,哪个属性在消费者心中最重要。

(四) 决定购买

此阶段消费者会受到他人态度、意外情况以及预期风险大小的影响,或者立即购买,或者放弃购买。

(五) 购买后行为

消费者购买产品后往往会通过自身的使用和他人的评判对其购买的选择进行评估,将产品的实际性能和对产品的期望进行比较,只有感到满意,才会继续购买该品牌的产品。

> **想一想**
>
> "双十一"和移动支付对消费者购买决策过程的哪些方面产生了深远影响?

三、数字时代的消费者行为

当今时代,消费者已经转变成"数字为先的消费者",数字已经贯穿于消费者购买行为和决策的全过程,"数字为先的消费者"在进行购买决策时会首先考虑使用数字媒体来获得所需信息。这样的消费群体不仅包含随着数字设备成长的新消费群体,还包括其他原本不采用数字媒体的消费者。

"数字为先的消费者"所具有的特征是:
(1) 90%的人在屏幕前进行消费;
(2) 90%的人会连续使用多个屏幕;
(3) 65%的人的首次购物经历始于网购;
(4) 61%的人在智能手机上使用社交媒体;
(5) 59%的人在智能手机上进行他们的首次理财;
(6) 58%的人在开始进行个人理财决策时会使用搜索引擎。

IBM管理合伙人Cristene Gonzalez Wartz表示:"如今的市场营销与30年前、10年前,甚至与去年都不一样了,消费者期望值的转变、技术的更新和竞争的变化使得市场环境日新月异。"

企业如何与数字时代的消费者互动

企业应该具备哪些能力,更好地与数字时代的消费者开展互动呢?

1. 提供自动化的服务

基于App完备、简洁的前端体验为消费者提供便捷服务体验,能极大地提升消费者的购买频率。

2. 前瞻性定制能力

数字化工具能帮助企业随时掌握并分析用户行为,从中分析出可以影响用户的某些时刻,实现定时定向的定制化功能,比如网站可以根据每位用户的情况不断调整内容和设置,为用户实时更新网站页面。

3. 情景互动能力

根据用户当下的情景适时提供下一步的相关信息,例如当你登录某零售商主页时,页面就会自动跳出你最近的订单状态。

4. 不断创新和迭代版本

企业要不断进行测试,比较不同版本的交互界面和消息副本,之后选出更好的一种,并对用户需求、技术和服务做出持续、有效的分析。

思考题

1. 哪些因素会影响消费者的购买行为?
2. 消费者是如何做出购买决策的?
3. 数字时代的消费者具有什么特征?企业应该如何更有效地与他们互动?

第三章
市场细分、目标市场与市场定位

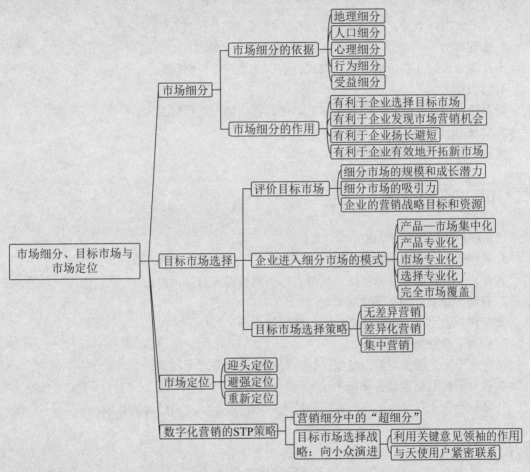

学习目标

1. 理解市场细分、目标市场选择和市场定位的概念及其相互关系
2. 掌握市场定位策略
3. 了解数字时代对市场细分和目标市场选择战略的升级

一、市场细分

市场细分是指营销者通过市场调研，依据消费者的需求、购买行为、购买习惯等方面的差异，把某一类产品的市场整体划分为若干具有相同或相似特征的消费者群(买主群)的市场分类过程。每一个细分市场都是由具有类似需求倾向的消费者构成的群体。

(一) 市场细分的依据

消费者市场细分包括地理细分、人口细分、心理细分、行为细分、受益细分。

1. 地理细分

地理细分将市场划分为不同的地理区域，如国家、城市、街区等。

2. 人口细分

人口细分根据年龄、性别、家庭规模、收入、职业和教育等划分。

3. 心理细分

心理细分根据社会阶层、生活方式、购买动机或个性特征划分。

4. 行为细分

行为细分根据人们对产品的了解、态度、使用情况或反应划分。

5. 受益细分

受益细分根据消费者追求的产品效用划分。

(二) 市场细分的作用

市场细分的作用具体如下。

1. 有利于企业选择目标市场

其有利于企业选择目标市场，集中人力和物力投入目标市场。

2. 有利于企业发展市场营销机会

其有利于企业发现市场营销机会，开拓新市场。

3. 有利于企业扬长避短

其有利于企业扬长避短，发挥优势，有效地与竞争对手抗衡。

4. 有利于企业有效地开拓新市场

其有利于企业有效地拓展新市场，扩大市场占有率，提高经济效益。

案例实践

OPPO的战略聚焦

OPPO主要面向年轻人，尤其是年轻女性。这一细分市场在三四线及以下市场聚集了巨大的市场潜力。其产品设计完全以用户需求为导向，产品设计完全基于对用户需求的深刻理解，而非基于技术来设计每一款产品，让每一款产品都有一个鲜明的卖点。例如，OPPO R9的广告是"充电5分钟，通话2小时"。OPPO R9的卖点很简单，但它直接击中了消费者的需求痛点，满足消费者快速充电的需求。OPPO在中国推出首款自拍美颜概念的手机，就是抓住年轻女性自拍美颜的需求，满足这个群体的最大价值需求——不是把我拍得清清楚楚，而是把我拍得更美。美颜功能极大地满足了年轻女性消费者的爱美之心。

二、目标市场选择

(一) 评价目标市场

选择目标市场之前,必须对细分市场进行评价,可以从以下三个方面评价细分市场。

1. 细分市场的规模和成长潜力

企业需要仔细评价细分市场内消费者对某种产品的最大需求量。需求量应适中,太小会导致发掘潜力不够,太大会导致大企业进入参与竞争。

2. 细分市场的吸引力

竞争者数量较少、竞争者实力较弱的细分市场更适合企业进入,最具有吸引力的细分市场是进入壁垒高、退出壁垒低的细分市场。此外,替代品越少的细分市场越具有吸引力。

3. 企业的营销战略目标和资源

企业的资源与市场需求达到最佳匹配,是企业进行市场细分的根本目的。企业的资源表现在其资金实力、技术开发能力、经营管理能力、生产规模等方面,这些又进一步影响企业制定市场营销战略目标。

(二) 企业进入细分市场的模式

企业进入细分市场的选择有很多种,可以进入一个或者多个细分市场,也可以进入所有的细分市场,通常会采用产品—市场矩阵图来分析企业采用何种模式进入细分市场(见图3-1)。

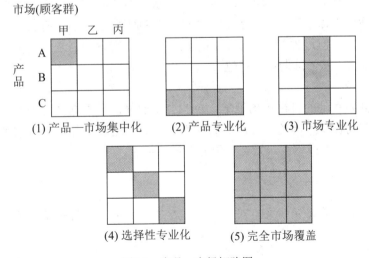

图3-1 产品—市场矩阵图

1. 产品—市场集中化

企业集中于一个细分市场,只生产一种标准化产品,选择供应某一顾客群。比如在市场上各种乳业品牌还在关注普通奶的时候,智强公司打着补脑的旗号,适时推出核桃奶这种细分产品。

2. 产品专业化

企业集中生产一种产品,向各类顾客销售这种产品。比如大白兔奶糖最早在1943年由上海"爱皮西糖果厂"生产,该品牌几十年来一直集中生产大白兔奶糖一种产品,全国各类顾客都会购买大白兔奶糖,在新年期间需求更大。

3. 市场专业化

企业专门向同一顾客群体供应性能有所区别或不同的产品和服务。例如湖州万士乐建筑工程机械有限公司专门为需要在建筑中使用混凝土的顾客群体提供各类与混凝土相关的机械和配件。

4. 选择专业化

企业决定有选择地进入几个不同的细分市场,分别为不同的顾客群提供不同性能的同类产品。例如格兰仕在微波炉产业完全成熟后,有选择地进入蒸烤炉、洗碗机等市场,为不同需求的顾客提供厨房中需要使用的不同产品。

5. 完全市场覆盖

企业决定全方位进入各个细分市场,为所有顾客群提供他们各自需要的有差异的产品。这种策略一般适用于实力雄厚的大企业。例如宝洁公司,作为洗护用品的全球巨头,进入该行业的各个细分市场,全方位地为消费者提供洗护产品。

(三) 目标市场选择策略

1. 无差异营销

企业不考虑细分市场的异质性,把一种产品的整体市场作为企业的一个大的目标市场。企业在策划营销活动时,只考虑消费者在需求方面的共同点,而忽略他们之间的差异性。这种策略适用于需求广泛,能够大量生产、大量销售的产品,有利于降低单位产品成本,获得规模效益,但这种策略不能长期采用,因为消费者的需求往往多变,且容易受到市场竞争者的模仿,从而削弱市场地位。

2. 差异化营销

以市场细分为基础的目标市场策略,企业会从细分市场中选择若干个作为自己的目标市场,为每个市场提供不同的产品和有针对性的营销活动,满足消费者的多样化和个性化需求,但这种策略投入成本大,受企业资源力量的制约。

做一做

哪些企业通过差异化营销策略获得了成功?选取一个,分析一下它是怎么做的,为什么能取得成功?

3. 集中营销

集中力量进入一个细分市场,为该市场研发理想的产品,进行高度专业化的生产和销售工作。其适用于资源力量有限的中小企业或初次进入新市场的大企业。

最后，企业会依据自身的实力、产品同质的程度、产品的生命周期、市场的差异程度和目标市场上竞争对手的策略来选择合适的目标市场策略。

三、市场定位

市场定位是指企业需要塑造某种产品在市场上的适当位置，与竞争对手的产品相比，这种位置取决于消费者怎样认识这种产品。其实质是使企业的产品与其他企业的相似产品严格区分开来，突出企业及其产品的特色，并使消费者明显感觉到这种差异，从而让产品在消费者心中占据特殊位置，进而帮助企业取得在目标市场上的竞争优势。对产品进行市场定位的依据包括产品属性、特色、价格、质量、用途和使用方式，以及目标顾客群的个性和类型。

读一读

饥饿营销

饥饿营销是市场营销学的一个概念，是企业用来抢占市场份额、扩大销售量的手段，它通过控制供求关系、减少库存量或调低产量，使产品供不应求；同时，在前期打好宣传基础，吸引消费者关注，造成"物以稀为贵"的局面。通过饥饿营销，企业可以在短期内有效地实现有限商品或服务的售卖，在提高企业销售额的同时实现较高的社会关注度，吸引消费者持续关注，为企业提高知名度，为产品做足噱头，为企业制造源源不断的话题。

市场定位策略包括迎头定位、避强定位、重新定位等，具体如下。

1. 迎头定位

企业选择靠近现有竞争者或与现有竞争者重合的市场位置，争夺同样的消费者，彼此在产品、价格、分销和促销等各个方面差别不大。

2. 避强定位

企业定位于市场的"空白点"，针对目标顾客需求尚未得到满足的市场开发并销售产品，开拓新的市场领域。

3. 重新定位

对销路少、市场反应差或原有定位不再适宜的产品，企业进行二次定位。

做一做

试分析一下你所在的省市，移动等三大运营商手机套餐的种类、定价以及针对的目标人群。思考一下针对未来消费者需求的变化，运营商的手机套餐产品可以做出哪些调整？

四、数字化营销的STP策略

(一)营销细分中的"超细分"

今天的数字营销人员可以利用大量的位置信息,包括社会、社区、移动端(地理位置墙、社交标签、手机App)的行为互动和行为指标,移动搜索、数据浏览、SMS文本、用户评论、网络和社会内容,以及微观电子邮件,重新定位营销目标人群。和以前不一样的是,这种细分更关注消费者互动的网络联系和更细分的单元。

也就是说,大数据下,一方面,精准营销,甚至一对一营销,在今天大数据挖掘与分析技术的支持下可以得到最大程度的落地与应用,我们可以结合细分模型与客户调研对细分的客户进行精准化的描述。比如,2013年,淘宝网提出了"千人千面"的排名算法:定向推广依托淘宝网庞大的数据库,构建买家兴趣模型。它可以从细分类别中捕捉到与买家兴趣点相匹配的促销珍品,并将其展示在目标客户的浏览网页上,帮助他们锁定潜在买家,实现精准营销。例如,如果买家喜欢森女系风格的蕾丝连衣裙,当买家来到目标促销页面时,系统会在连衣裙类别中将森女系风格的、有蕾丝特征的商品呈现给买家。另一方面,其通过在细分市场的目标群体中吸引和激活有影响力的消费者,将相关信息不断传播给其他社会接触者,通过不断扩大彼此交流的范围,形成消费者网络。

(二)目标市场选择战略:向小众演进

如今,消费者的各类原始需求几乎都能得到及时的满足,派生性的超细分需求开始凸显。因此,企业开始将小众市场作为目标市场,但其实施目标市场战略时,需要把"深潜"和"想象力"结合起来。

所谓"深潜",就是要比以前更深入地靠近消费者,贴近客户,以客户增长取代以前的市场扩张。通过与客户对话、让客户参与来扩大企业的边界,提供更深度的内容。所谓"想象力",就是在"深潜"的垂直思维下,以水平思维进行补充,增加营销的创造力。小众产品要想获得成功,就需要在"深潜"成功的基础上,通过提高想象力来打开新的市场空间。

1. 利用关键意见领袖的作用

关键意见领袖(key opinion leader, KOL)是指在人际传播网络中经常为他人提供信息,同时对他人施加影响的"活跃分子"。他们在大众传播效果的形成过程中起着重要的中介或过滤作用。图3-2对KOL进行了分类。通过互联网,KOL会放大"品牌声量",因此,企业有必要对他们进行有效的管理,甚至纳入目标客户管理。

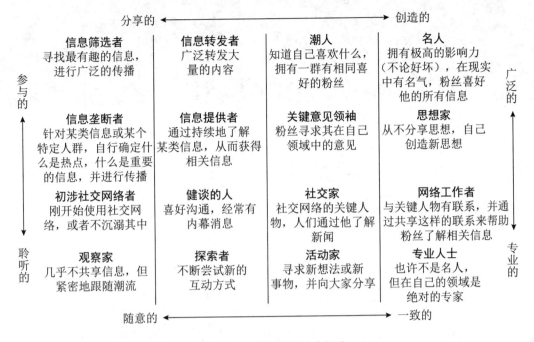

图3-2 社交媒体的影响力矩阵

资料来源：Klout's Influence Matrix 研究

2. 与天使用户紧密联系

天使用户通常指的是在某个产品的最早使用者中，最认同产品并希望更多人认同这个产品的用户群体。他们可以是几个人，也可以是几千人，其共性是热爱这个产品，并从口碑推广、产品改进等角度成为一个产品从小众走向大众的基石。创业者应与天使用户建立深度关系，这对产品和组织至关重要。

想一想

哪个著名的科技公司因为多年来对"天使用户"战略的坚持成就了今天的市场领军地位？

思考题

1. 你认为最重要的市场细分变量是什么？为什么？
2. 在各种市场定位策略中，哪种策略更适合中国企业？
3. 将小众市场作为目标市场时要注重哪两点？

第四章
品牌策略

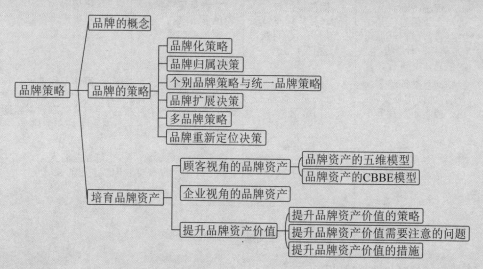

学习目标

1. 了解品牌的含义
2. 掌握品牌策略的基本内容
3. 掌握提升品牌资产价值的方法

一、品牌的概念

品牌是商品的商业名称，它是一个由企业或销售商创造的某一名词、术语、标记、符号、设计或它们的组合，具有独创性和独特性，用以识别卖主的产品，其基本功能是把不同企业之间的同类产品区别开来，使竞争者之间不会发生混淆。

完整的品牌包括品牌名称和品牌标记两部分。商品的品牌经过政府有关部门的审核，获准登记注册后即可成为商标。商标是一种法律术语，是享有法律保护的某个品牌。品牌的命名要遵循合法、尊重文化、跨越地理限制、形成简单易记忆、产生正面联想、暗示产品属性和预留未来更新的空间等原则。

案例实践

海尔的全球化品牌

2017年3月8日,中国海尔首次向世界发布海尔、GE Appliances、Fisher & Paykel、AQUA、卡萨帝、统帅六大家电品牌的全球化战略,其中:海尔家电是全球大型白色家电市场份额唯一八连冠的企业;GE Appliances是北美厨房第一家电品牌;Fisher & Paykel是来自新西兰的国际顶级家电品牌;AQUA是日本最受欢迎的高端品牌之一;卡萨帝是欧洲用户满分好评的第一品牌;统帅是轻时尚家电的开创者。这六大家电品牌全球化战略的发布,标志着海尔完成了从"世界第一白色家电品牌"到"世界第一家电品牌集群"的布局,如今的海尔不仅拥有的品牌最多、产品最全,也最具国际化特质。

资料来源:https://www.sohu.com/a/128478457_522922

二、品牌的策略

(一) 品牌化策略

产品可以被竞争者模仿,品牌却是独一无二的;产品很快会过时,而成功的品牌可永远存在。因此,给产品建立品牌已经是全球化浪潮下不可避免的趋势。

(二) 品牌归属决策

企业究竟使用制造商品牌还是中间商品牌,必须全面权衡利弊。若制造商具有良好的市场声誉、拥有较大市场份额,可多使用制造商品牌;相反,则考虑采用中间商品牌,尤其是新进入市场的中小企业,利用中间商品牌往往是有利的。

(三) 个别品牌策略与统一品牌策略

(1) 个别品牌策略。个别品牌策略,即企业对不同产品分别使用不同的品牌名称。这种策略有助于分散企业的风险,也有利于企业产品向多个细分市场渗透。但是,该策略增加了企业的促销费用,不利于企业创立名牌。

(2) 统一品牌策略。统一品牌策略,即企业对生产的多个产品使用同一种品牌。这种策略可以帮助企业借助品牌的知名度来显示企业实力,有助于新产品进入目标市场。如果使用该品牌的某个产品出现问题,则会影响整个品牌的声誉。

(3) 统一品牌和个别品牌并列。统一品牌和个别品牌并列,即在每一种个别品牌前冠以公司的名称。这种策略既可以使新产品分享企业的声誉,节省广告费,又可以使各品牌保持自己的特点和相对独立性。

(四) 品牌扩展决策

品牌扩展是指企业利用已具有市场影响力的成功品牌来推广改良产品或新产品。一个受人关注的好品牌能使新品牌立刻被市场认识和易于被接受,但是若滥用品牌名称,会使品牌失去它在消费者心目中的特殊定位。

做一做

2013年恒大队夺得亚冠冠军之后,恒大矿泉水集团推出"恒大冰泉",通过足球热点打出了恒大冰泉的品牌,当时广告随处可见。当时,恒大冰泉的立体式营销战略让恒大冰泉迅速打开市场,获得较高的知名度,但是其在品牌差异化、产品策划、广告创意等方面没有结合恒大冰泉定位的高端品牌:在品牌差异化方面,作为一个高端矿泉水,宣传自己的水是长白山的天然矿泉,但是这与其他品牌宣传的昆仑山海拔6000米高山雪水和西藏5100米冰川水相比,差异性不明显;在产品策划方面,作为一个中高档的矿泉水,瓶子的设计无法彰显档次,缺乏美感;在广告创意方面,没有形成一个自己的品牌故事,仅仅通过大批量的广告投放难以在消费者心中建立高端形象。

请结合恒大冰泉的"惨淡"收场,谈一谈企业品牌扩展决策的利弊。

(五) 多品牌策略

企业在同一种产品上同时使用两个或两个以上相互竞争的品牌。多种不同的品牌可以在零售商的货架上占据更大的陈列面积,吸引消费者更多的注意,也可以吸引求新好奇的品牌转换者,还可以使产品深入多个不同的细分市场,占领更大的市场。但是,品牌数量过多,会分散企业资源,若不能集中于几个获利较好的品牌上,将造成得不偿失的不利局面。

(六) 品牌重新定位决策

竞争状况的变化和消费者喜好的变化会促使企业重新审视其市场定位是否准确,是否需要重新定位,以保持品牌的成长和稳定。

三、培育品牌资产

品牌资产是将产品或者服务冠上品牌后,所产生的额外收入——附加值,是一种超出所有有形资产的价值。

(一) 顾客视角的品牌资产

1. 品牌资产的五维模型

品牌资产是指与品牌、品牌名称和品牌标识等相关的一系列资产或负债，它们可以增加或减少通过产品或服务带给企业和顾客的价值，包括品牌忠诚度、品牌知名度、感知质量、品牌联想和其他专有资产(如专利、商标、渠道关系等)(见图4-1)。

(1) 品牌忠诚度是品牌资产的首要成分，如果企业的品牌忠诚度较高，就能扩大市场占有率，增加营业收入，减少促销费用，降低服务成本。

(2) 品牌知名度表示品牌在顾客头脑中存在的牢固程度，是品牌资产的第二要素，只有具备了品牌知名度，顾客才会对其进行仔细考虑，那些不为人知的品牌是没有机会受到青睐的。

(3) 感知质量表示顾客对品牌的整体质量的认可程度，是品牌资产的第三要素。感知质量会影响顾客的品牌选择和购买，是品牌延伸的基础。

(4) 品牌联想是指一切可以让顾客联想到某个品牌的因素，品牌名称的基本价值常常基于与之相关的联想。

(5) 其他专有资产包括专利、注册商标、已建立的销售网络等，它们有利于保持企业的竞争力，是企业的第五要素。

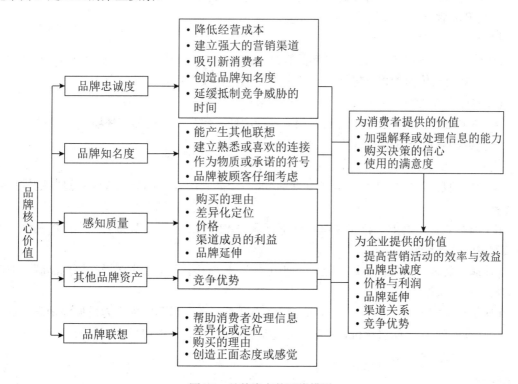

图4-1 品牌资产的五维模型

2. 品牌资产的CBBE模型

品牌资产的CBBE(customer-based brand equity)模型，即顾客基于头脑中已有的品牌认知(包括品牌知名度和品牌形象)而会对品牌的营销产生差别化对待的效应。当一个品牌拥有积极的基于顾客的品牌资产时，顾客更能接受该品牌下的新品牌，不易受价格上涨和广告投入减少影响，或者更愿意在新的分销渠道中找到该品牌。

(二) 企业视角的品牌资产

从企业角度来看，品牌资产拥有使企业保持一定销售量和利润率持续增长的潜力，品牌资产应该体现在品牌自身的成长和扩张能力上，包括品牌强度和品牌适合度两部分，其中，品牌的强度与企业自身的财务实力息息相关，而品牌适合度则要求品牌的发展要与企业的整体目标相匹配。

(三) 提升品牌资产价值

1. 提升品牌资产价值的策略
提升品牌资产价值的策略包括：
(1) 提升品牌资产的差异化价值；
(2) 通过并购等品牌扩张战略来提升品牌资产价值；
(3) 通过品牌叙事，即对品牌背后的故事进行加工和宣传，提升品牌资产价值。

2. 提升品牌资产价值需要注意的问题
提升品牌资产价值需要注意以下问题：
(1) 要切实转变观念，真正树立起品牌意识；
(2) 品牌资产价值的提升需要企业长期不断地进行投入；
(3) 通过个性化的定位来提升品牌资产价值；
(4) 注意与政府、社会团体等利益相关者的沟通，建立良好的品牌环境。

3. 提升品牌资产价值的措施
提升品牌资产价值的具体措施包括以下几种。
(1) 品牌收购，例如在联合利华全球的400多个品牌中，大部分品牌是通过收购推广到世界各地的。
(2) 品牌联合，例如英特尔和微软联手打造的WINTEL帝国为其带来了丰厚的利润以及最具实力的品牌形象。
(3) 品牌延伸，例如海尔冰箱选用"小王子""帅王子""小小王子"等副品牌，对产品的规格和档次进行区分。
(4) 扩展销售渠道，例如可口可乐遍设销售网点，在全球范围内大力发展经销商，这使得我们可以随处(如自动售货机、便利店、电影院等地方)看见可口可乐的身影。
(5) 挑战行业领导者。

> **查一查**
>
> 上网搜索一下吉利并购沃尔沃后的发展情况。

想一想

华为品牌的全球化运作模式给你什么启发?

思考题
1. 企业为什么要建设品牌?
2. 企业如何提升品牌资产的价值?

第五章
产品策略

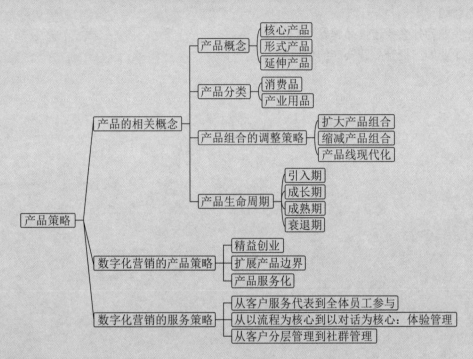

学习目标

1. 了解产品的相关概念
2. 掌握分析和评价产品组合策略的方法
3. 了解产品生命周期的概念
4. 了解数字时代下,企业产品战略和客户服务策略的新改变

一、产品的相关概念

(一) 产品概念

产品整体概念由核心产品、形式产品、延伸产品组成。

1. 核心产品

核心产品是产品整体概念中最基本和最实质的层次,指产品给顾客提供的基本效用和效益,是顾客需求的中心内容。顾客购买某种产品本质上并不是为了得到产品实体本身,更是为了满足某种特定的需求。

2. 形式产品

形式产品指核心产品所展示的全部外部特征，主要包括产品的款式、质量、特色、品牌和包装等。

3. 延伸产品

延伸产品是指顾客购买产品时，附带获得的各种利益的总和，包括说明书、保证、咨询、送货、安装、维修等，这些能给顾客带来更多的利益和让顾客获得更大的满足。企业要想赢得竞争，就应该向顾客提供比竞争对手更多的附加利益。

产品整体概念的三个层次十分清晰地体现了以顾客为中心的现代营销观念，首先，企业应明确顾客所追求的核心利益；其次，企业必须特别重视产品的无形资产，包括产品形象和服务等；再次，企业在产品上的竞争可以在多个层次上展开，可以在款式、包装、售后等方面创造差异，从而确立市场地位和赢得竞争优势。

(二) 产品分类

产品一般分为消费品和产业用品两大类。

1. 消费品

消费品是指那些由最终消费者购买并用于个人使用的产品，是产品生产过程的最终产物。消费品可分为以下几种。

(1) 便利品，即消费者不需要额外收集信息就可以购买的有形产品，具有价格低、体积小等特点，包括日常用品、瓶装水、牙膏、非处方药等。

(2) 选购品，即消费者愿意比较不同商家所售产品的质量、价格和样式后才购买的有形产品，包括流行时装、家具等。为了方便消费者选购，这些产品的制造商们往往会让不同品牌的产品集结成市，扎堆进驻商场和百货公司。

(3) 特殊品，即消费者有强烈品牌偏好，愿意投入大量时间和精力去购买的有特殊性质的产品，包括高档西装、音响和摄影装备等。

(4) 非渴求品，即消费者尚不知道或目前不需要的新产品，如VR眼镜、夏天购买滑雪装备等。

2. 产业用品

产业用品是指不用于个人和家庭消费，而用于生产、转售或执行某种职能的产品，包括原料、制造材料与零件、设施设备、附属设备和作业物料。

(三) 产品组合的调整策略

产品组合是企业生产经营的全部产品的结构。我们可以从广度和深度两个方面来对产品组合进行分析，企业提供的产品线条数被称为产品组合的广度，而每条产品线有多少不同尺寸、颜色和样式的产品项目则为产品组合的深度。

产品组合的调整策略包括以下三种。

1. 扩大产品组合

扩大产品组合，即在原有产品组合中增加新产品线和新的产品项目。

2. 缩减产品组合

缩减产品组合，即剔除得不偿失和不景气的产品线或产品项目。

3. 产品线现代化

产品线现代化，即在生产过程中及时应用和更新现代科学技术。

(四) 产品生命周期

产品生命周期是指产品从进入市场到被市场淘汰的全过程，这一过程可以用一条曲线来表示，称为产品生命周期曲线(见图5-1)。

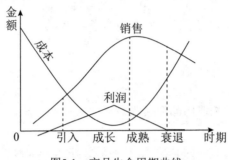

图5-1 产品生命周期曲线

1. 引入期

引入期，是指一个全新的产品刚刚进入市场、产品不被认识、市场没有显现需求的时期。在引入期，产品销量小，理想的营销渠道尚未建立，价格难定，广告费用高，市场风险大，但竞争者较少。此时，营销策略的重点是"快"，尽量以最短的时间、最快的速度使产品进入成长期。引入期一般有4种策略，如图5-2所示。

	促销费用	
	高	低
价格水平 高	快速—掠取策略	缓慢—掠取策略
价格水平 低	快速—渗透策略	缓慢—渗透策略

图5-2 引入期可供选择的市场策略

2. 成长期

在成长期，顾客对产品已较为熟悉，产品销量迅速增长，产品已经定型，可以大批量生产，利润大幅增长，同时会吸引大批竞争者加入。此时，营销的目的是扩大市场占有率，重点突出一个"好"字，即在扩大产能的同时进一步提高产品质量。

案例实践

小米手机的定价

小米的定位是一家生产智能设备的移动互联网公司。高配置、低价格的价格策略为小米手机赢得了巨大的市场空间。在小米手机发布会上，小米善于通过对比，突出其产品的高配置和低价格。每推出一款小米手机新品，小米都会将小米手机的参数与苹果等同级厂商进行对比，最终给出比同行低2000元左右的价格。小米始终奉行高性价比的价格策略，充分发挥价格优势，赢得了广泛的用户群。

3. 成熟期

在成熟期，产品销量达到顶峰，但增速放缓，市场逐渐饱和，行业内出现产能过剩。此时的营销目的是维持甚至扩大原有的市场份额，尽量延长产品的市场寿命，突出一个"改"字，即对原有的产品市场和营销组合进行改进(见图5-3)。

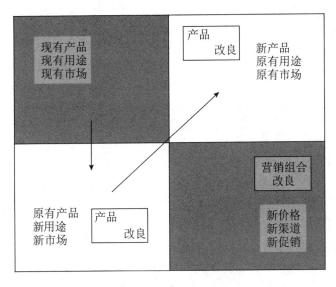

图5-3　成熟期可供选择的市场策略

4. 衰退期

在衰退期，产品开始老化，陷入被市场淘汰的境地，利润急剧下降，降价成为主要竞争手段。此时，一些企业开始退出，转而研发新产品。大多数企业应该在衰退期抓好一个"转"字，转向研发新产品和开发新市场。

我们可以通过产品生命周期理论了解到，产品不会永远畅销。企业应做到居安思危，不断创新。同时，借助该理论，企业可以分析判断产品当前的位置，从而推测其未来的发展趋势，及时调整营销策略，不断提高企业的经济效益。

二、数字化营销的产品策略

1. 精益创业

在数字时代，精益创业(the lean startup)的产品管理思维本质是：强调市场检验，而非精心策划；强调客户的反馈，而非自己的感觉；强调反复的设计和改进，而非前期大而全的产品调研和开发。企业应快速推出产品雏形，如果产品还是不够好，就放弃该产品项目,并迅速启动下一个产品项目,直到推出被市场认可的产品。

2. 扩展产品边界

在如今海量同质化产品共存的当下,单靠产品升级已经无法有效地增强用户黏性,应利用产品开发社区,进而聚合社群,从而实现持续获利。百词斩通过图片联想和句子真人读音,动用用户各方面的感官来背单词。此方法聚集了各个年龄层次的英语学习者,形成了英语学习社群。随后,百词斩出售英语学习书籍,并计划开展新型的英语培训。

3. 产品服务化

共享经济是对"沉没"闲置资源的社会化再利用,是将熟人之间的共享关系推向陌生人的经济形式。"零"边际成本、商业化信任和社会化互联是共享经济的三大驱动要素。而移动互联网是共享经济得以释放的重要前提,其背后的支撑要素反映在:第一,全民移动化;第二,移动支付的普及性;第三,共享经济平台提供了供给方与需求方的互相评价机制、动态定价机制。

三、数字化营销的服务策略

1. 从客户服务代表到全体员工参与

在传统营销时代,企业会专门安排客服人员与客户对接,企业和客户仅与销售部门有所接触,接触点非常单一,设计部门、研发部门和营销部门无法直接和客户接触,无法知晓他们的体验和需求。而在数字时代,借助发达的网络和社交媒体,传统客服人员可以通过更多的服务渠道提供服务,同时,企业的全体员工也可参与到客户服务中。例如,技术团队可以在社交媒体上建立个人微博,成为技术领域的意见领袖。

通过全体员工参与,可以使企业的资源利用率实现最大化,还可以使企业连接成一个整体,力量更强大,服务更立体。

2. 从以流程为核心到以对话为核心:体验管理

传统营销的核心是关注如何高效、低成本地完成销售流程,企业更关注的是如何用更好的产品满足现有客户已有的需求,而不能关注那些没有被满足的需求。数字时代的核心则从流程转移到了与客户的对话上。企业需要更关注如何接触到它们的客户,如何与之建立联系,如何顺畅交流,从而更加了解客户那些未知的需求,从"影响消费者"到"帮助消费者表达",从"品牌主体创造内容"到"客户创造内容"转变。

3. 从客户分层管理到社群管理

传统的客户分层管理的目的是通过不同指标(如年龄、性别、地域等)对顾客价值进行归类,以方便企业在做营销决策时更有指向性。但是,在数字时代,移动互联网使相同属性的人可以更容易地进行交流,加速了圈层的形成,不同属性的圈层也越来越丰富。企业需要在众多圈层中选择与自身营销定位最接近的圈层,定义为核心圈层,投其所好,进行精准营销。

在圈层管理中,为了激发口碑与参与度,建立社群显得尤为重要。企业可以通过与其客户共同搭建交流社区,让客户变成这一社区的核心,引导客户在这个社区中发表意见。

例如，小米公司在还没推出手机产品时就创立了MIUI爱好者社区，让用户决定OS的功能，一起改进MIUI，打造了当时最好的中文安卓系统之一，为后来的手机上市积累了大批的潜在消费者。

思考题

1. 什么是产品组合？
2. 产品生命周期可以分为几个阶段，每个阶段各有什么特点？
3. 数字时代的产品战略和客户服务策略有哪些新变化？

第六章
价格决策

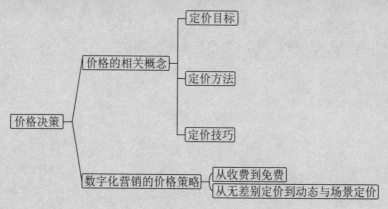

学习目标

1. 了解企业定价的目标和需要考虑的因素
2. 了解数字时代对定价策略的新影响

一、价格的相关概念

(一) 定价目标

企业的定价目标主要有以下几种。

(1) 追求盈利最大化,即制定合理的价格促进销售,以求在一定时期获得最高盈利额。

(2) 短期利润最大化,即在新产品刚投放市场时,通过定高价快速获取市场利润。

(3) 为了实现预期的投资回报率,可采用总成本加一定比例的预期盈利的方式进行定价。

(4) 提高市场占有率,即以低价打入市场,开拓销路;或者以高价进入市场,但辅以高强度的促销宣传。

(5) 适应价格竞争,根据竞争对手的价格水平来制定本企业产品的价格策略。

(6) 保持营业,这是特定时期的过渡性目标。

(7) 稳定价格,可维护企业形象,用稳定的价格给顾客以财力雄厚的感觉。

案例实践

苹果的定价策略

iPhone应该卖得更贵,但iPod应该卖得更便宜,你知道这是为什么吗?

核心原因是,手机是你必须购买的"类别"。在借鉴iPhone5C的低价策略后,苹果发现低价走量的策略效率低下，远远低于直接高价销售的利润。像iPod、Apple Watch和Airpods这样的产品实际上对用户来说并不是必需的。通过低价策略，苹果希望复制当年iPod占领音乐播放器市场的"神话"，用苹果手表占领手表和手环的健身市场，通过Airpods占领耳机市场。

在必需品中，行业领头羊不需要主动降价去追求销量，因为对于这样的品类，总有人会比你的定价低。在非必需品类中，高昂的价格甚至会让用户选择不购买这一品类。因此，苹果的策略是以低价产品全面占领该品类市场，使该产品成为以iPhone为核心的配件矩阵。

(二) 定价方法

定价方法包括成本导向定价、竞争导向定价、需求导向定价等，具体如下。
(1) 成本导向定价：包括加成定价法、损益平衡定价法、目标贡献定价法。
(2) 竞争导向定价：包括通行价格定价法、主动竞争定价法、密封投标定价法。
(3) 需求导向定价：包括价值定价法、需求差异定价法。

查一查

如今，越来越多的企业通过免费的产品和服务来吸引客户，但是盈利始终是企业的终极目标，那么免费的背后到底存在什么样的盈利逻辑？

(三) 定价技巧

定价技巧包括心理定价、组合定价、折扣定价等，具体如下。
(1) 心理定价：包括整数定价、尾数定价、声望定价、习惯定价、系列定价。
(2) 组合定价：包括对相关产品按照一定的综合毛利率联合定价。
(3) 折扣定价：包括现金折扣、数量折扣、交易折扣、季节折扣、促销让价。

二、数字化营销的价格策略

(一) 从收费到免费

客户资产是企业所有客户终身价值折现现值的总和，即客户的价值不仅是当前通过客户而具有盈利能力(客户当下购买的花费)，还包括企业从客户一生中获得的贡献流的折现净值。而"免费"就是"基于客户资产的商业创新模式"，主要包括三种：免费增值模式，如360杀毒软件对全体客户免费，但对增值服务收费；广告模式，如谷歌、百度收取广告的点击费；交叉补助模式，如吉列的刀架以贴近成本价卖出，但是借助刀片实现盈利，并且利益可观。

在"免费"策略下，企业很容易获得大量的消费者数据，使得企业可以通过自身延伸和合作的方式向其他行业、企业渗透，腾讯渗入电商、阿里渗入金融都是这个道理。为了抢夺客户资产，企业甚至可以"倒付费"，最典型的是滴滴出行，倒付给客户打车费用。

(二) 从无差别定价到动态与场景定价

在传统的定价模式中，企业往往依据内部定价政策单方面定价，价格具有一定的固定性和无差别性。随着数字化时代背景下商业逻辑的不断演进，传统的定价模式势必会给人一种单薄的或者片面的感觉，因为其无法满足日益变化的供求变化。为了满足因不同因素产生的需求变化，更多样化的定价策略就会随之产生和得到应用。互联网的随时可触性，使"动态定价+场景定价"成为定价策略的新模式。

案例实践

优步不同场景下的"定制化"定价

在周末的凌晨，优步(Uber)经常出现车辆供不应求的情况。鉴于此，优步适当提高每次乘车的单价，从而使叫车服务的供应量增加80%。之后，优步提出了一种动态定价算法，该算法同时考虑了事件、空间、天气和路况等多个场景维度的变化。通过大量的数据提取、高速的数据处理，以及建立大规模的计量经济模型和数据库，做到了实时响应，从而实现不同场景下的"定制化"定价。

思考题
1. 企业的定价目标主要有哪几种？
2. 数字时代的价格策略有哪些新的发展？

第七章
分销渠道决策

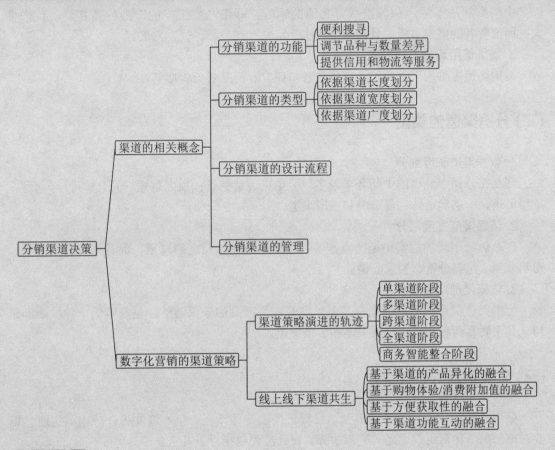

学习目标

1. 理解分销渠道的含义和功能
2. 掌握分销渠道的设计和管理的流程
3. 了解数字时代下,传统零售行业的渠道决策有哪些新发展

一、渠道的相关概念

分销渠道是指产品或服务从生产者向消费者转移过程中所经过的、由各中间环节所联结而成的路径,这些中间环节包括批发商、零售商、代理商和中介机构等。企业往往借助渠道优势,使竞争对手难以在短时间内模仿和复制,这使得企业具有更加持久的和可靠的竞争优势。

(一) 分销渠道的功能

1. 便利搜寻

中间机构为消费者和生产方搭起桥梁，降低顾客的搜寻成本。

2. 调节品种与数量差异

中间商解决了生产商与消费者之间的矛盾，即生产商生产的产品种类有限，且产量大；而消费者的需求多样，且需求量较小。

3. 提供信用和物流等服务

分销渠道提供信用、物流、市场信息与研究、产品售后等服务。

(二) 分销渠道的类型

1. 依据渠道长度划分

商品在分销中经过的中间环节越多，分销渠道就越长；反之越短。其具体可分为4种：零层渠道、一层渠道、二层渠道和三层渠道。

2. 依据渠道宽度划分

产品供应市场的同类渠道网点越多，则渠道越宽，反之则越窄。其具体可分为三种：密集分销、选择分销、独家分销。

3. 依据渠道广度划分

分销渠道广度是指厂商选择几条渠道开展某产品的分销活动，是宽度的一种扩展和延伸。其主要有两种类型：一条渠道和多条渠道。

(三) 分销渠道的设计流程

渠道设计的中心环节是确定到达目标市场的最佳途径。生产者在设计分销渠道时，需要在理想渠道和可用渠道之间进行抉择。设计流程包括以下几点。

(1) 确认渠道设计决策的必要性。当企业面临开发新产品、为现有产品确立新的目标市场、变革其他营销组合的组成部分或者中间商的政策发生变化等情况时，需要考虑进行渠道设计。

(2) 设立并调整分销目标。

(3) 明确分销任务。

(4) 设立渠道结构，包括设计合适的渠道长度(层次数)、各层次的宽度和各层次的中间商种类。

(5) 评估影响渠道结构的因素，包括市场规模、产品因素、公司状况和中间商因素等。

(四) 分销渠道的管理

分销渠道的管理包括以下内容。

(1) 选择渠道成员。应广泛搜集有关分销商的声誉、市场经验、产品知识、合作意愿、市场范围和服务水平等方面的信息，确定审核和比较标准，并努力说服分销商接受公司的产品。

(2) 激励渠道成员。制造商充分调动渠道成员的积极性，使其产生内在动力，朝着所期望的目标前进。

(3) 化解渠道冲突。

(4) 评估渠道绩效。可比较中间商最近两期的销售绩效，或者将中间商的绩效与该地区基于销售潜力分析所设立的配额进行比较。

查一查

如何提升渠道战斗力？

二、数字化营销的渠道策略

(一) 渠道策略演进的轨迹

渠道策略经历了单渠道阶段、多渠道阶段、跨渠道阶段、全渠道阶段、商务智能整合阶段。

1. 单渠道阶段

单渠道销售是指选择一条渠道，将产品和服务从某一销售者手中转移到顾客手中的行为。

2. 多渠道阶段

企业采用两条及以上完整的零售渠道进行销售活动，但是顾客一般要在一条渠道完成全部的购买过程或活动。例如，老板油烟机线上线下的部分商品型号有所不同。

3. 跨渠道阶段

多种渠道交互完成销售流程，每条渠道仅完成销售的部分功能。数字时代，更突出的是线上线下的互动合作，线下了解产品，线上订购，并通过线下商店自提或者快递的方式完成销售。

4. 全渠道阶段

企业将不同类型的销售渠道进行组合，以满足顾客购物、预订以及社交的综合体验需求，这些渠道类型包括实体店铺和无形商铺(网点、电话购物、上门直销)，以及信息媒体(网站、呼叫中心、社交媒体)等。当顾客决定购买一部手机时，可以通过服务体验中心、社交媒体评价等方式了解产品，购买时可以选择官网、淘宝、线下购买等多种渠道，售后服务可以选择邮寄修理、线下门店等方式。

5. 商务智能整合阶段

消费者可以通过各种渠道将需求信息传递给对应的企业，企业为之生产出相应的产品，或者企业参考消费者共享的数据，批量定制符合特定族群需求的产品。消费者和企业的选择是相互的，主动权会向消费者倾斜。

(二) 线上线下渠道共生

如今，全渠道、跨渠道的设计并不难，真正的难点是不同渠道之间的利益如何协调。电商的发展让消费者开始在零售店挑选商品，然后在网上购买，作为传统零售行业，应该如何实现线上和线下的共生呢？

1. 基于渠道的产品异化的融合

所谓产品异化，是指在线上、线下渠道分别提供有区别的产品，防止让消费者对产品进行直接的对比，从而产生严重的渠道冲突乃至渠道迁移。在这种模式下，通常在线下渠道出售热门商品，在线上渠道销售同品类的其他产品，以补充线下渠道的产品，而不是与线下进行销售竞争。

企业的这种产品差异化供应又可以通过多种方式实现，比如产品供应节奏的不同(如某运动品牌在线上渠道以销售过季、打折商品为主，在线下实体店则主推新季上市商品)，产品品类供应的不同。基于产品差异化的融合目前被经销渠道层级较多的企业采用。

2. 基于购物体验/消费附加值的融合

情感制造冲动，线下零售要锁定客户并直接推动交易，就要提供与线上不同的购物体验，提供消费附加值。这种附加值可以是"消费者即时拥有"的情感价值，也可以是线下会员俱乐部，或提供增值服务。从策略上看，这种方式的本质是通过即时体验促成交易。

案例实践

例如，眼镜品牌LensCrafters留意到消费者在试戴镜架时很难看清楚自己的模样，为此，他们在店里安装了数字镜子，根据消费者的高度，镜子从三个不同的角度拍摄，甚至还能在消费者脸上打光，消费者可以通过触摸屏翻看照片，还可以通过脸书和推特与亲友分享照片。对消费者而言，高质量和个性化的照片在服务体验中是很独特且很有价值的，这就大大提高了购买的可能性。

3. 基于方便获取性的融合

在目标消费群集聚的场所充分利用消费者的碎片时间，如人们在地铁站等待乘车的两三分钟，为消费者提供购物的便利性。例如沃尔玛的消费者在店内就可通过移动购物应用中的"店内模式"，跳过排队结账，直接完成自主结账。

4. 基于渠道功能互动的融合

结合所有渠道的功能，以提供更集中、更全面的消费者体验。例如，2013年初，苏宁提出"店商+电商+零售服务商结合"的云商模式，集团统一采购，不再区分线上、线下。消费者可以在门店下单，由电商送货，或者在线上下单，到附近门店提货。

在数字时代，所有能够让消费者到达品牌的触点都可以直接变成购买触点，无论是户外广告、网络视频，还是微博名人，都可以成为直接的销售渠道。消费者对品牌、价格、口碑等信息的获取可以在不同时间、地点进行，不受限制地通过线上、线下或者"并存和双跳"的方式，特别是移动互联网全面覆盖后智慧城市、智慧社区的发展，使得消费者的决策路径变得更加丰富、重叠和动态，消费者要做的只有一项：在哪个环节或者情景下单。场景即渠道，触点即渠道，数字化战略要保证与客户的360度接触点的通畅。

思考题

1. 简述分销渠道的含义和功能。
2. 分销渠道的设计流程包括哪些？
3. 数字时代的传统零售行业应该如何实现线上和线下的共生？

第八章
促销组合决策

促销组合决策
├─ 促销组合与整合营销传播
└─ 数字化营销的品牌沟通策略
　　├─ 从价值导向到价值观导向
　　├─ 从劝服者到互动者和赋能者
　　├─ 从硬性广告到内容与数据营销
　　└─ 关注品牌的性格

学习目标

1. 了解促销组合和整体营销传播的含义
2. 了解数字时代品牌策略的新变化

一、促销组合与整合营销传播

促销是指企业向目标客户传递产品信息，促使目标客户做出购买行为而进行的一系列说服性沟通活动。

一个有效的促销沟通过程，要求营销沟通者必须做出以下决策：确定沟通对象、决定传播目标、设计沟通信息、选择沟通渠道、建立反馈系统。

促销沟通的基本方式包括人员销售、广告、销售促进、公共宣传和直复营销。确定采用何种促销沟通方式或者这些方式的组合，需要考虑促销目标、产品类型、市场特点、不同购买阶段、产品生命周期阶段、营销组合策略和经济前景等因素。而在互联网发展迅猛的今天，利用"两微一端"开展互联网营销的方式正在不断被发掘和更新。

案例实践

脑白金——吆喝起中国礼品市场

作为单一品种的保健品，脑白金提供的产品益处是"安神""安眠"，这与其他同类保健品相比没有明显优势。然而，脑白金却在极短的时间内迅速推出市场，成为中国保健品行业的领头羊。广告设计的精巧是其成功的关键。

为了满足中国人元旦送礼、探亲访友、探望病人、连接感情的需求，脑白金将自己定位于中国庞大的礼品市场。同时，其提出了"不送礼"和"只收脑白金"的概念，也回应了送礼引发的社会问题困境。在脑白金的广告中，企业没有邀请明星代言，而是通过老年夫妇的动画形象，以歌舞的方式反复"吆喝"脑白金的核心广告语，将广告形象成功根植于每一个中国人的心中。

整合营销传播是指企业在经营过程中，以由外而内的战略观点为基础，为了与利害关系者进行有效的沟通，以营销传播管理者为主体所展开的传播战略，重点关注的是营销信息传播手段的整合以及对传播效率的评价。这种观点的出现是由于市场的发展使得消费者有机会接触到越来越多的产品种类，需求也变得越来越多样化，传统的营销方法已经无法应对这种变化。整合营销传播的根本目的是完成传播目标，这与促销的预期实质上是一样的。

查一查

了解特斯拉的新媒体整合营销。

二、数字化营销的品牌沟通策略

(一) 从价值导向到价值观导向

数字时代的产品，要对准消费者痛点，满足其个性化需求。在个性化需求当中，消费者对产品品牌价值观的需求取代了以往对产品功能的需求。

传统时代，企业营销把价值作为落脚点，通过研究消费者的问题和处境，决定向其提供何种价值。其实，对消费者来说，"价值观"比"价值"更有意义。例如，Roseonly卖的是一种"承诺价值"，用顶级玫瑰和服务，承载专一的爱情，定制"一生只送一人"的理念，吸引广大高端消费者。

(二) 从劝服者到互动者和赋能者

在2010年以前，品牌是在严格控制下被培养并保护的资产，品牌给目标客户以能立刻想起企业产品的条件反射。数字时代改变了这一切。数字时代的品牌具有社会性，社会性品牌与粉丝和追随者联合打造吸引人的体验，并让消费者参与。通过这种方式，社会品牌是一个互动的平台或者开放的生态系统。制定品牌策略时，应该致力于打造一种双赢关系，即注重与所有利益相关者交流时的公平和价值；应该愿意积极倾听消费者的线上讨论；应该采取适当的社会行为，如尊重每个社会群体的特殊礼仪和习俗。

(三) 从硬性广告到内容与数据营销

在信息泛滥的时代，消费者可以接受并消化的信息是有限的，传统信息自上而下的传播方式已经难以打动消费者，相反，善于"讲故事"的方式，善于做内容营销，善于将社交媒体的热点与品牌信息进行"拼合"，则显得尤为重要。

在数字时代，很多信息甚至有魅力的信息都是客户自身产生的，可能是在特殊的时点与企业不相连的事件中产生的，而真正懂营销的营销人员能将这些信息纳入自己的传播、互动中，形成企业自身的魅力点。比如借由索契冬奥会的开幕式上主办方节目中五环旗缺失一个环的乌龙，奥迪、小米、杜蕾斯都用有趣的方式为自己的产品"加戏"，将其做成自身的传播信息。

(四) 关注品牌的性格

在如今社交网络盛行的时代，客户资产的多寡固然重要，但是客户资产的质量，即客户成为公司产品的忠实粉丝、支持者、创造者、宣传者则更为重要，因为这能更清晰地判断顾客群的影响力范围和顾客群基于支付意愿的价值总和，这就是品牌魅力产生的经济聚集效应。

品牌规划里面有一个核心环节，即公司品牌的"拟人化管理"。可以先问几个问题：如果把企业人格化，它会具有怎样的特质？它的个性如何？属于哪个阶层？企业可通过思考、解答这些问题进行品牌规划设计，勾勒出公司的人格化特质，形成品牌魅力，与消费者在品牌塑造上产生共鸣。彼得·沃尔什基于对原型和企业人格相互关系的研究，按照"安乐—挑战"以及"稳定—改变"将组织人格的原型划分为10种，包括朋友、母亲、国王等(见图8-1)。

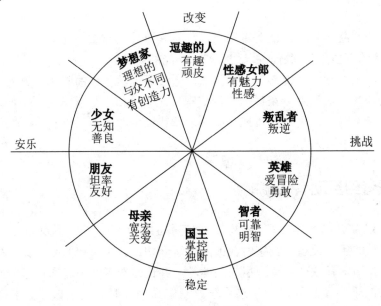

图8-1 企业人格原型图谱

资料来源：Peter Walshe

举例来说，LV、卡地亚所塑造的人格就是典型的国王人格；宝洁于2011年开始转向塑造"母亲型"的人格魅力；同样，叛乱者人格魅力的典型是乔布斯时代的苹果。在传统时代，大部分企业都在"稳定""安乐"这两个维度渗透下的人格原型中展现魅力。数字时代则是一个"颠覆式的时代"，在这个时代中，企业人格的魅力点将转向"挑战"和"改变"这两个维度。

思考题

1. 试述广告促销决策包括的内容。
2. 数字时代的品牌策略有哪些新的变化。

第九章
客户关系管理

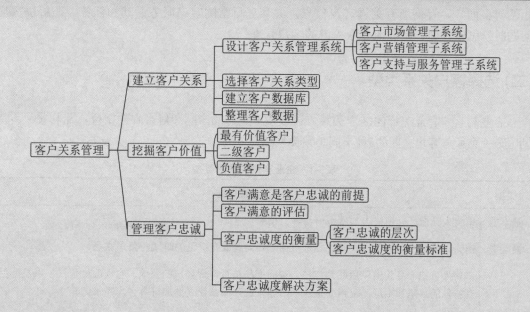

学习目标

1. 了解客户关系管理系统的概念、架构和功能
2. 了解如何挖掘不同层次的客户价值
3. 熟悉如何衡量并提高客户忠诚度

一、建立客户关系

(一) 设计客户关系管理系统

客户关系管理(customer relationship management，CRM)是指通过培养企业的最终客户、分销商和合作伙伴对本企业及产品的喜爱和信赖，留住他们并以此提升企业业绩的一种营销策略。其通过数据分析挖掘客户的行为特性，并有针对性地提供产品或服务，培养顾客的长期忠诚度。其核心思想是将企业的客户作为最重要的企业资源。CRM旨在改善企业与客户之间的关系，主要包括三个子系统。

1. 客户市场管理子系统

该系统能够提供完整的客户活动管理、事件管理、潜在客户管理和数据库管理，通过高度专门化的数据市场选择，细分潜在市场，提高寻找潜在客户的工作效率。

2. 客户营销管理子系统

该子系统可以快速获取和管理日常销售信息,提高销售人员的工作效率,保证每个客户都可以与销售人员进行充分的沟通。

3. 客户支持与服务管理子系统

该子系统能够将客户支持人员与现场销售和市场紧密地集成在一起,为用户提供定制化的"桌面",存储所有关键客户信息,并管理日常的客户服务活动和任务,在解决客户问题时,可以快速、高效地存取关键的客户管理信息。

(二) 选择客户关系类型

企业与客户建立怎样的客户关系,这取决于企业的产品和对客户的定位。菲利普·科特勒区分了企业与客户之间的5种不同关系类型(见表9-1)。

表9-1　企业客户关系的类型

类型	特征描述
基本型	销售人员把产品销售出去就不再与客户接触
被动型	销售人员把产品销售出去并鼓励客户在遇到问题或有意见的时候与公司联系
负责型	销售人员把产品售出以后联系客户,询问产品是否符合客户的要求,有何改进建议,以及是否有特殊的缺陷和不足,以帮助企业不断地改进产品,使之更加符合客户需求
能动型	销售人员不断联系客户,提供改进建议以及新产品信息
伙伴型	企业不断地与客户沟通,帮助客户解决问题,实现共同发展

企业应该选择适合自己的客户关系类型,菲利普·科特勒根据企业的客户数量和企业产品的边际利润水平,制作了由客户数量与边际利润水平决定客户关系类型的关系图(见图9-1)。

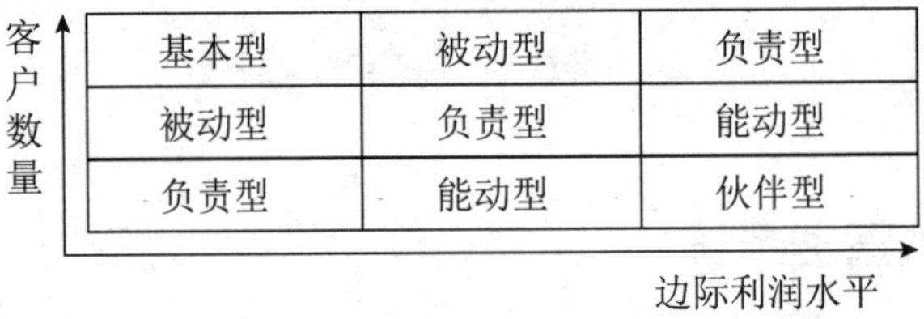

客户数量			
	基本型	被动型	负责型
	被动型	负责型	能动型
	负责型	能动型	伙伴型
			边际利润水平

图9-1　关系图

(三) 建立客户数据库

建立客户数据库时,前期准备包括成立项目小组、配备相关人员与设备、贯彻数据库营销理念三部分。数据库开发设计包括数据库结构创建和数据库特性设计两部分。

(四) 整理客户数据

整理客户数据时，可依据细分市场的原则对客户资料进行分类，即将客户的各类数据资料统一成大致相同的格式，并根据不同的标准进行区分；也可对新采集的数据进行整理，即将新老客户数据资料进行对比，及时修改变更的内容。

课外自学 什么是全程式顾客服务模式？

二、挖掘客户价值

根据客户战略价值、实际价值以及服务成本的大小，可以基于价值把客户划分成不同的类别。

1. 最有价值客户

最有价值客户，是指那些实际价值较高的客户，在企业客户中排名前5%。他们为企业所提供的收入占企业总营业收入的40%，是企业利润的主要创造者。对于这类客户，营销重点是怎样留住他们。稳定最有价值客户的方法有：

(1) 积极倾听客户的意见；
(2) 为满意客户提供关怀；
(3) 从一线部门获取信息；
(4) 提供直接、有效的客户服务行动；
(5) 改变最有价值客户的衰退趋势；
(6) 制订客户忠诚计划。

2. 二级客户

二级客户，是指那些在未来可能具有很高战略价值，但实际价值还不是很高的客户。对于这类客户，企业应该实施的主要策略是价值的发掘，让二级客户稳健地升为最有价值客户。具体来说，增加二级客户收入的途径主要有以下几种。

(1) 让客户购买更多的现有产品。通过保持联系、鼓励再购买、把握决策者、向顾客推荐高价格的商品、加快进入市场的速度和实施到位的政策支持等方式，提高顾客购买频率或消费额。

(2) 让现有客户购买新的产品。通过降低客户成本或风险，帮助客户提高销售额，提供新产品或新服务的方式，提高现有客户的购买份额。

(3) 制定组合价格，采取更加灵活的产品组合定价方式。

(4) 简化沟通过程。

课外自学 什么是RFM分析法，用该分析法如何挖掘客户价值？

3. 负值客户

负值客户，是指那些可能根本无法为企业带来足以弥补相关服务费用的业务的客户，此时，企业应该适时放弃这些客户。

三、管理客户忠诚

(一) 客户满意是客户忠诚的前提

客户满意是客户对企业和员工提供的产品和服务的直接性综合评价,是客户对客户关怀的认可,是企业效益的源泉,是客户服务的中心和基本观念。

(二) 客户满意的评估

客户对企业服务质量的满意度在衡量企业服务质量方面起着重要作用,包括信任感、责任感、便捷性、礼节、交流、是否有保障、是否能足够了解客户等。

(三) 客户忠诚度的衡量

客户满意是一种价值判断,而客户忠诚则是客户满意的行为化。

1. 客户忠诚的层次

客户忠诚包括认知忠诚、感情忠诚、行为忠诚。
(1) 认知忠诚,是指基于产品和服务而形成的客户忠诚。
(2) 感情忠诚,表现为人们是因为喜欢而去购买。
(3) 行为忠诚,表现为长期和重复地购买。

2. 客户忠诚度的衡量标准

客户忠诚度的衡量标准包括:
(1) 客户重复购买率;
(2) 客户对本企业产品品牌的关注程度;
(3) 客户需求满足率;
(4) 客户对产品价格的敏感程度;
(5) 客户对竞争产品的态度;
(6) 客户对产品的认可度;
(7) 客户购买时的挑选时间;
(8) 客户对产品质量事故的承受力。

(四) 客户忠诚度解决方案

首先,企业要完整地认识整个客户生命周期,提供与客户沟通的统一平台,建立多样化的沟通渠道和灵活高效的激励机制,形成完整的反馈机制。

其次,提供个性化的产品和服务,有针对性地通过消费积累奖励方案等长期奖励的方式留住高价值客户和吸引新客户。

此外，大客户往往关系到大生意，对企业十分重要，可以从下面10个方面着手，提高大客户的忠诚度：

(1) 优先向大客户供货；
(2) 向大客户开展关系营销；
(3) 及时向大客户供应新产品；
(4) 关注大客户动态；
(5) 安排企业领导访问大客户；
(6) 与大客户联合设计促销方案；
(7) 经常征求大客户的意见；
(8) 及时准确地与大客户互相传递信息；
(9) 为大客户制定特别的奖励政策；
(10) 组织大客户与企业之间的业务洽谈会。

案例实践

海底捞客户关系管理的创新之处

海底捞是知名火锅连锁品牌，用户口碑好，员工流失率低。其通过制订计划、建立高效的组织机构、运用现代顾客关系管理系统、优化服务业务流程，吸引了更多的潜在顾客，与客户建立了稳定的关系。

海底捞有着清晰的顾客群认知和顾客关系维护思路，很多顾客是回头客。以北京海底捞火锅城为例，顾客关系管理的创新主要表现在以下几个方面。

(1) 基于服务的客户关系管理：海底捞实行会员制，在识别会员身份之后根据记录向顾客提供极致的个性化服务。

(2) 基于客户关系管理的内部激励机制：通过对内部员工的人性化关怀，使员工真正满足于工资水平和福利水平，然后全力以赴为客户服务；从内部服务质量的提高到外部服务价值的实现，使内部员工激励机制与客户关系管理形成必要的联系。

(3) 基于互联网的产品营销：最早的海底捞是利用微博来吸引顾客，并在很长一段时间内被传为"神话"。网络营销手段吸引了大量的客户，还开发了微信公众号等网络传播工具。

在未来的发展中，海底捞应加强战略导向的客户关系管理体系和对员工的人文关怀。虽然海底捞有客户关系管理系统，但其对外表现是更为极致的服务。如果我们深入挖掘，大多数员工并不了解这些服务流程与客户关系管理之间的内在关系，也就是说，他们没有从战略的高度进行把控，也没有真正将客户关系管理嵌入到组织的发展框架中。此外，员工是企业与客户之间的纽带。在计件工资制度下，员工之间的竞争加剧，压力加大。很多时候，企业没有考虑到客户的特殊需求，对客户提供被动服务，使得大多数顾客缺乏提出意见的动力。因此，客户关系管理应从公司战略层面、员工层面和客户层面同时进行。

思考题

1. 如何理解客户关系管理的内涵？
2. 如何稳定最有价值的客户？
3. 提高大客户忠诚度的策略有哪些？

任务二
金融产品的相关知识

第十章
金融产品和金融营销

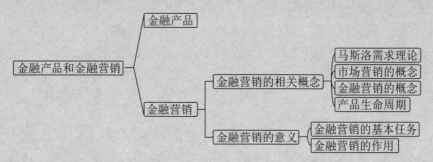

学习目标

1. 掌握金融产品的内涵、基本类型和特征,金融营销的概念
2. 理解各类金融产品和服务优劣势
3. 把握金融营销的任务
4. 熟悉金融营销管理系统及其运作
5. 深刻领会金融营销的意义、金融营销的应用领域及实例

案例导入

2018年第一次踏进工商银行新华街支行的客户黄女士,只是带着一笔闲置资金前来购买理财产品,拥有金融理财资格证书的客户经理热情地接待了她。此后,她经常在手机上收到客户经理精心配置后的理财产品信息,在她的生日或重要节日时,总能收到温馨的祝福,她的理财困惑会在第一时间得到理财经理的解答和提示……黄女士觉得自己在新华街支行享受到了很多增值服务。最终,黄女士将其他资产陆续转入新华街支行,成了一名百万资产的贵宾级客户。除了看得见的财富,黄女士还收获了什么?

【参考答案】营销千万种,使客户有超出预期的体验是最有效的营销手段之一。在产品同质化的时代,在信息泛滥的时代,在信任缺乏的时代,最直接的营销手段是让用户的体验超出预期。作为金融一线的工作人员,每天要接触大量客户,简单的问候就能拉近彼此的距离。工作中,只要有心,多观察,就能发现商机;只要真心帮助客户解决实际问题,就能提高客户对金融企业的依赖程度,从而培养忠诚的客户,出色地完成金融营销任务。

一、金融产品

金融产品是指资金融通过程的各种载体,包括货币、黄金、外汇、有价证券等。这些金融产品就是金融市场的买卖对象,供求双方通过市场竞争原则形成金融产品价格,如利率或收益率，最终完成交易，达到融通资金的目的。

所谓"一物四名"，指的是同样的金融产品，根据不同的使用者、不同的目的、不同的作用，有4种不同的名字，即金融产品、金融资产、有价证券和金融工具。以股票为例，对市场而言，股票是金融产品；对公司财务而言，股票是金融资产或有价证券；对发行者而言，股票是融资工具；对交易者而言，股票是投资或投机获利工具。

二、金融营销

(一) 金融营销的相关概念

1. 马斯洛需求理论

著名社会心理学家马斯洛认为，人的需求由生理需要、安全需要、社交需要、尊重需要、自我实现5个等级构成。著名营销学专家菲利普·科特勒认为，营销是指个体和群体通过创造产品和价值，并同他人进行交换以获得所需所欲的一种社会和管理过程。

2. 市场营销的概念

市场营销是以促进和保护消费者与社会的整体利益为目的，在动态的经营环境中所进行的最大限度地创造和满足顾客需求的社会交换过程。营销的关键是挖掘客户的需求，营销的"6R"模式是指在适当的时间、适当的地点，以适当的价格、适当的方式，将适当的产品销售给适当的客户。

3. 金融营销的概念

金融营销是指金融企业以市场为导向，利用各种营销手段向客户宣传金融产品，提供金融产品和服务，并在满足用户需求的过程中实现金融效益和企业效益目标的所有行为过程。

金融(服务)营销的特点归纳如下。

(1) 无形性。金融服务大多看不见、摸不着，很难像有形产品一样看到实物形态。这使得金融营销需要进行大量的说明、讲解，目的是便于被客户记忆、辨识和选择。

(2) 非歧视性。金融营销可以一视同仁地提供给各类金融客户，无论肤色、种族、性别、长幼或宗教信仰是否相同。

(3) 不可分性。金融产品与服务的供应和消费是同时进行的，很难分开。

(4) 易模仿性。金融业务无专利可言，极易被其他金融企业模仿。

(5) 专业性。要求金融营销人员具有广泛的、扎实的金融专业知识。

(6) 风险性。金融市场的风险无处不在，不论是对金融企业还是对金融客户，风险与收益正相关。

4. 产品生命周期

产品生命周期(product life cycle，简称PLC)是产品的市场寿命，即一种新产品从开始进入市场到被市场淘汰的整个过程。典型的产品生命周期一般可以分成4个阶段，即导入期、成长期、成熟期和衰退期(见图10-1)。金融企业不仅要注重短期占领市场获取盈利，还要从长远利益出发，综合考虑企业的经营发展战略。

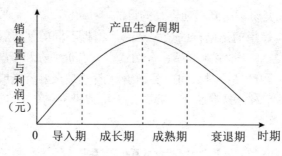

图10-1 产品生命周期

产品生命周期各阶段的特点和营销策略具体如下。

1) 导入期

导入期是指金融产品服务投入市场的初期，即试销阶段。

导入期的特点是：

(1) 客户不是很了解该产品，购买欲望不强，企业需要花费大量资金来做广告宣传；

(2) 该产品还未定型，企业还需要不断收集客户的反馈意见，并做出改进调整；

(3) 该阶段销售增长缓慢，赢利少，甚至亏损，风险大。

营销策略包括：

(1) 高价格、高促销的"双高"策略；

(2) 可选择性渗透策略；

(3) 低价格、低促销的"双低"策略；

(4) 密集型渗透策略。

2) 成长期

成长期，是指金融产品通过试销打开销路，转入成批生产和扩大销售的阶段。

成长期的特点是：

(1) 银行产品已经基本定型，研制费用可以减少；

(2) 客户对产品有一定的了解，企业广告费用略有下降；

(3) 产品销量呈上升的态势，企业利润不断增加；

(4) 随着其他企业仿制品的不断出现，竞争日趋激烈。

营销策略包括：

(1) 不断提高产品质量，改善服务；

(2) 扩大广告宣传，为产品树立良好的形象，提高声誉，让客户信任产品；

(3) 适当调整价格，增强竞争力；

(4) 利用已有的销售渠道积极开拓新市场，进一步扩大销售。

3) 成熟期

成熟期，是指金融产品在市场上的销售已经达到饱和的时期。

成熟期的特点是：

(1) 产品已经被客户广泛接受，销量的增长速度出现下降；

(2) 该阶段成本与费用较少，利润稳定；

(3) 市场竞争更为激烈。

营销策略包括：

(1) 市场改革策略，即市场多元化策略，如开发产品新用途，寻求新细分市场，刺激现有客户，增加适用频率，重新为产品定位，寻求新客户；

(2) 产品改革策略，指对产品概念进行改革，也可视为金融产品的再推出，具体包括提高产品质量、为客户提供新的产品用途等；

(3) 营销组合改革策略，通过改变定价或销售渠道及促销方式来加强服务，延长产品的成长期和成熟期。

4) 衰退期

衰退期，是指金融企业产品已经滞销并趋于淘汰的时期。

产品进入衰退期时，市场上出现了大量的替代产品，产品销售量急剧下降，价格也大幅下跌，金融企业的利润日益减少，可实施持续策略、转移策略、收缩策略、淘汰策略等营销策略。

(二) 金融营销的意义

1. 金融营销的基本任务

金融营销的基本任务包括管理金融信息、提高服务质量、提高经营效益、进行客户需求分析、防范金融风险、开发金融产品、制订营销方案、确保社会稳定等。

2. 金融营销的作用

(1) 金融企业重视营销管理既是金融市场发展的客观要求，也是金融企业面对竞争环境、提高自身生存和发展能力的实际需要。

(2) 营销管理是企业管理的核心职能之一。

(3) 金融企业加强营销管理也是防范金融风险的需要。

(4) 我国金融业面对新的国际形势必须重视营销管理。

服务失误是指服务表现未达到客户对服务的评价标准。服务失误取决于两方面：一是客户对服务的评价标准，即客户期望；二是客户感受，也就是客户在服务过程中的实际所得。

服务补救是指当服务失误发生后，服务提供者针对客户的抱怨行为所采取的反应和行动，亦可称为对客户抱怨的处理。

> **想一想**

不满意的顾客经历了高水平的、出色的服务补救，最终会比那些第一次就获得满意的顾客具有更高的满意度，并更可能再次光顾。因此，公司应故意令顾客失望，这样就可以利用补救服务获取更高的顾客忠诚度，这种观点被称为"补救悖论"。你赞同吗？说说你的看法。

【答案提示】营销不仅是营销产品，更是一种责任和使命。

【思考一】作为一名客户，你平时喜欢到哪家商业银行办理业务，简单说说你的理由？

【思考二】选择商业银行办理业务，你觉得银行实力、距离远近、员工素质和服务态度等,哪个因素最为重要?

知识链接

请结合自己被服务的亲身经历,谈谈你曾遭遇过的你认为不公平的对待?
(1) 从服务提供者角度来看,你如何看待这次为客户提供的不成功的服务?
(2) 从消费者角度来看,你是如何看待这次不成功的被服务经历?

项目测评

【知识点】了解金融产品的相关概念,熟悉各类金融产品的特点

金融产品是指资金融通过程的各种载体,包括货币、黄金、外汇、有价证券等。

第十一章
银行产品分类及特点

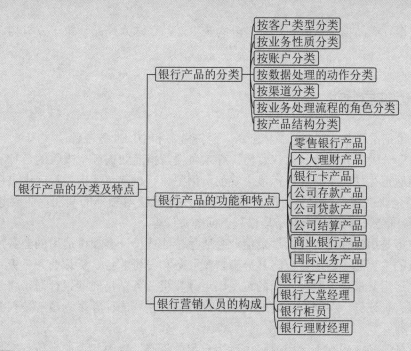

学习目标

1. 了解银行产品分类及特点，银行营销人员的基本构成
2. 熟悉银行客户经理、大堂经理、柜员和理财经理的含义、岗位职责与绩效考核的主要内容
3. 掌握银行营销人员的服务技巧
4. 掌握银行公司金融业务和个人金融业务营销技巧，能以银行客户经理、大堂经理、柜员和理财经理的身份，恰当地运用营销技巧去营销银行存款、融资、结算、票据及其他公司金融业务，储蓄结算、银行卡、个人贷款、个人理财、电子银行、私人银行等个人金融业务

一、银行产品的分类

银行产品是指银行金融机构向市场提供的能满足人们某种愿望和需求的，与货币相关的一切商品，是金融产品的重要组成部分。与一般的产品不同的是，银行产品在很大程度上是无形的服务，是在交收过程中产生并在交收结束时终止——但是在服务

本身终止后,来源于服务的收益是可以继续下去的。

银行产品分类的重要性不言而喻,没有一个清晰的产品分类,就无法对产品的创新、生产、销售、评价进行有效的管理。根据银行产品的主要属性,其分类可以有多个维度。

(一) 按客户类型分类

可以把银行产品按对应的客户群划分为个人产品、法人产品、第三方机构产品、内部管理产品等。

(二) 按业务性质分类

我们经常把银行业务划分为负债业务、资产业务和中间业务三种。

负债业务分为存款负债和借款负债,存款负债是指商业银行所吸收的各种活期存款、定期存款和储蓄存款,是商业银行最主要的负债主体。借款负债指银行向中央银行、其他商业银行和企业借款,以弥补暂时性的准备金不足或获取额外的利润,主要包括同业借款、中央银行借款、向国际金融市场借款、回购协议等。

资产业务是指银行将自己通过负债业务所集聚的货币资金加以运用的业务,是商业银行取得收益的主要途径,还可以将其分为贷款业务和投资业务。贷款业务是银行主要的资产业务,是运用其资金、取得利润的重要渠道。投资业务是指商业银行通常将一部分资金投资于一些有价证券,并获取一定的利润,商业银行投资的证券多为政府公债券,尤其是中央政府债券。

中间业务是商业银行不运用或较少运用自己的资产,以中间人的身份替客户办理支付或其他委托事项,为客户提供各类金融服务,并从中收取手续费的各项业务,包括各种代理、担保、咨询、托管、投行、结算等。

(三) 按账户分类

银行向客户提供的产品服务有很多,一些产品服务直接引起客户在银行的资产、负债或其他非货币资产的数量变化,银行为了能对这些基础产品服务进行各类核算,通常会根据不同的账户进行产品划分,例如存款(包括存、取、转)、贷款、信用卡、贵金属买卖,中间业务包括理财、代理(住房公积金、第三方存管)等。

(四) 按数据处理的动作分类

按数据处理的动作分类,可以把银行产品分为结算类产品、查询类产品、修改类产品等。结算类产品是银行的核心产品,查询类产品和修改类产品是结算类产品的辅助产品。结算类产品是在提供产品服务时会引起银行客户在银行的资产或负债发生变化的业务。查询类产品在提供服务时仅能查询客户和银行的相关信息,而修改类产品允许客户在规定的范围内修改相关的信息(如密码、联系电话等)。

(五) 按渠道分类

按渠道划分，可以把银行产品分为柜台产品和离柜产品。

柜台产品可分为高柜产品和低柜产品。我们可以把高柜产品简单理解为现金业务，包括个人储蓄、公司出纳等，主要办理现金业务，针对个人客户，比如存取款、同行汇款、办卡、开网银、挂失等业务。低柜业务泛指非现金业务，包括公司业务、各种独立的投资理财专柜等，主要针对对公客户，一般不与现金打交道，比如开立对公结算账户、办理对公转账业务等。

离柜产品可分为ATM、POS、自助终端、网银、手机银行等。

(六) 按业务处理流程的角色分类

把银行在一个完整的客户服务过程中充当的角色进行分类，通常可以分为收单行产品和开户行产品，开户行又可分为借方行和贷方行。这种分类在结算类业务处理中，特征非常明显，在查询类、修改类业务的处理过程中，也存有收单行(代理行)和开户行的角色分工。

(七) 按产品结构分类

从产品本身的结构上来分类，产品还可以划分为基础产品、辅助产品、附属产品(增值产品)、组合产品、包装产品等。一些查询、修改类的功能性产品属于辅助产品。附属产品是依附在基础产品上的增值产品，这些产品不能脱离基础产品单独销售，例如账户余额变动的短信通知，是对应账户基础产品的附属产品。组合产品就是把一些相关的基本产品进行组合销售的产品，如信用卡透支自动转账还款，就是把信用卡消费还款与存款两个产品组合的产品。

> **知识链接**

互联网时代的银行营销突围

1. 组织突围：从传统金融到金融科技

这是传统金融机构与互联网企业利用互联网技术和信息通信技术实现资金融通、支付、投资和信息中介服务的一种金融模式。

2. 产品突围：从个人产品到财富管理

这是从单调的个人投资理财转型为向客户提供现金、信用卡、保险、投资组合等服务的金融服务，将客户的资产、负债、流动性进行管理，以满足客户不同阶段的财务需求，帮助客户达到降低风险、实现财富增值的目的。

3. 渠道突围：从实体网点到电子银行

手机银行等同于24小时带在身上的银行。随着人们对银行人工柜台的需求减弱，部分银行对周末窗口业务量少的网点实施周末休息(谢客)制度。原因有以下两点：一是若使用电子银行，则无须到网点办理；二是有利于降低银行成本，保证员工充足的休息。

4. 模式突围：从关系营销到新营销

关系营销分为内部员工，外部顾客，以及股东、中间商、供应商、政府、竞争者等三个层次。一些银行金融产品销售人员在完成任务过程中，一味地向客户献殷勤，盲目地建立关系，却没有站在客户角度为客户排忧解难，服务质量相对低下。

新营销服务分为三个层次：

(1) 核心服务(为客户提供核心利益，主要指银行的存贷款业务)；

(2) 便利服务(网上银行、手机银行、转账、支付、结账等)；

(3) 附加服务(免费咨询、财务管理、24小时服务等)，主要作用是提升银行的服务价值和服务形象。

数字经济时代银行网点营销有5个目标，具体如下。

(1) 扩大品牌宣传，对目标客户实行分层管理，营造多元化的影响力与关注度。

(2) 增加用户资产，与用户建立长期、稳定、友好的合作关系，增加用户资产，形成长期发展动力。

(3) 提升用户流量，如大厅营销、联动营销、目标营销、微营销等营销策略；

(4) 提升用户黏性。通过引导和创新，让客户对产品和服务越来越信任。

(5) 建立O2O互动。加快传统线下业务向网上银行特别是移动端的迁移，支持重点业务和常用业务的7×24小时在线办理。

二、银行产品的功能和特点

(一) 零售银行产品

(1) 零售银行产品。存款类零售银行产品是银行对存款人的负债，是银行最主要的资金来源，包括活期存款、定期存款(整存整取、零存整取、整存零取、存本取息、教育储蓄)、其他存款(定活两便、个人通知)。银行办理个人存款产品遵循"存款自愿、取款自由、存款有息、为存款人保密"的原则。个人存款产品的办理手续包括开户、存款、取款、销户。

活期存款具有灵活方便、利率低等特点，适合需要随用随取、满足日常开支的客户；整存整取具有存款存期固定、利率高等特点，适合拥有长期闲置资金、用途不定、追求较高收益的客户；零存整取具有计划性、约束性、积累性等功能，可集零成整，利率高于活期存款利率，低于同期整存整取利率，适合收入稳定、有理财需求或者需要强制储蓄、培养理财习惯的客户；教育储蓄是指个人为其子女接受非义务教育积蓄资金，每月固定存额，到期支取利息的一种定期储蓄，其利率享受两大优惠政策，免征利息税，适合为子女积累教育学费的客户；定活两便存款是一种事先不约定存期，一次性存入，一次性支取的储蓄存款。存期灵活，适合用途明确、时间不定、又想获得高于活期存款利息的客户；通知存款是不固定期限，但存款必须预先通知银行方能提取的存款，适合拥有大笔款项、在短期内能随时使用、又能获得高于活期存款利息的客户。

(2) 存款类零售银行产品。代理收付是银行传统的中间业务，是银行手续费收入的重要来源，代理收付坚持"谁委托，谁交费"的原则。开办代理收付业务时，原则上应按代理收付金额或者笔数向委托人收取一定比例的手续费，具体执行的手续费标准按照与委托人签订的代收代付协议约定为准。代理业务适用于需要高效、快捷发放工资、收缴费用的企事业单位，以及需要高效、快捷缴纳各项费用的个人。

目前，各家商业银行的代理收付产品除了银行营业网点的柜台可以办理外，客户还可以通过自助设备、网上银行、电话银行、手机银行等渠道办理。对单位客户而言，提高了工作效率；对个人客户而言，提供了方便，节省了时间。

保管箱业务是指银行将自己设有的专用保管箱出租给客户使用，客户在此保管贵重物品与单证的租赁业务。保管箱适用于需要安全保管家中的珠宝、古玩字画、房产契约、凭证单据等贵重或私密物品的客户。银行保管箱具有防水、防火、防潮、防盗防暴等功能，私密性强，能安全可靠地保管贵重资产。

(3) 贷款类零售银行产品，主要包括住房贷款产品、消费贷款产品、个人担保贷款产品。

个人住房贷款产品可以使商业银行获得稳定、丰厚的利润，有助于降低商业银行的风险资产总额，在资本一定的情况下，提高资本充足率。

消费贷款产品，是银行或金融机构以信用、抵押、质押担保或保证等方式向个人发放的用于购买大额消费品的贷款。消费信贷的贷款对象是自然人，主要来源于特约商户的个人买家。贷款用途以消费性需求为目的，特征是贷款额度较小，不占用银行拥有的大量资金。贷款期限较短，一般在6个月至5年。消费信贷一般设定抵(质)押物担保或保证担保，信贷资金的安全性比较有保证。

个人担保贷款可以提高商业银行竞争力，改善商业银行现有的资产结构，降低经营风险，有助于商业银行找到新的利润生长点。个人担保贷款一般分为个人抵押贷款和个人保证贷款两种，区别在于前者需要对抵押物进行评估以及办理登记，后者需要具备保证能力的保证人与银行签订保证合同。

练一练

请查找某一银行的所有消费信贷产品，按照贷款对象、贷款用途、贷款额度、贷款期限、利率、担保方式等对该银行的消费信贷类产品进行梳理，选择几类产品和大家一起分享。

(二) 个人理财产品

广义的个人理财产品是指商业银行向投资者提供的，基于投资和理财目的的金融工具和金融产品。狭义的个人理财产品是指向特定目标客户群开发设计并销售的资金投资管理计划，接受客户的授权管理资金。个人理财产品的特点有：

(1) 产品功能多样性(收益性、避险性、流动性、偿还性)；
(2) 产品性质差异性(技术含量高)；

(3) 产品对象层次化(高端客户、一般客户);
(4) 提供方式灵活性(柜面、网银、电话、手机银行)。

个人理财产品根据发行人不同,可分为银行理财产品和银行代理理财产品;按照币种不同,可分为人民币理财产品和外汇理财产品;按照收益方式不同,可分为保证收益类产品、非保证收益类产品;按照投资领域不同,可分为货币型、债券型、信托型、结构型产品。

(三) 银行卡产品

银行卡产品主要分为借记卡和信用卡。借记卡通常称为储蓄卡,是由商业银行向社会发行的具有消费信用、转账结算、存取现金等全部或部分功能的支付工具,通常不能透支。持卡人只能在存款额度内办理现金存取、转账和消费。

借记卡产品的特征有:①申请手续简单,审批发卡快捷;②以预制卡片为主,与存折共用账户;③成品卡及密码大多由银行网点管理,各种交易记录由客户通过存折补登的方式反映和对账,银行一般不单独向持卡人寄送对账单;④发卡对象广泛。借记卡产品具有储蓄功能、汇兑功能、支付功能、代理收付功能,以及理财功能。

信用卡是银行或专业公司对具有一定信用的客户发行的信用凭证,主要作用是小额透支贷款,透支额的大小由银行根据客户的信用情况来定。

信用卡产品的特征有:①在一定范围内使用时可以替代现金;②除了支付,还具有信贷功能,持卡人能够很方便地获取小额贷款;③能够提供结算服务,不仅方便购物消费,也方便查询资金流向;④促进商品销售,刺激社会总需求。

(四) 公司存款产品

公司存款产品主要包括单位活期存款、单位定期存款、单位协定存款以及单位通知存款。

单位活期存款是指企业、事业、机关、部队、社会团体及其他经济实体在商业银行开立结算账户,办理不规定存款期限,单位可随时转账、存取,并依照活期存款利率按季计息的存款。对于单位活期存款,开户时实行双向自主选择,存取灵活方便,不受存款期限和存款金额的限制,能够满足单位日常收支和存放暂时闲置资金的需要,而且不需要缴纳利息所得税。

单位定期存款是单位客户与银行约定存款期限,将暂时闲置的资金存入银行,在存款到期支取时,银行按存入日约定的利率计付利息的一种存款。单位定期存款主要用于存放单位闲置资金,能够获得较高的利息收入,且不需缴纳利息收入所得税。单位定期存款不得用于结算,客户不得从定期存款账户中提取现金。单位定期存款可以全部或部分提前支取,但只能提前支取一次,提前支取部分按照活期存款利率计息。

单位协定存款的服务对象是在银行开立基本存款账户或一般存款账户的法人及其他组织。存款人与银行事先约定基本存款额度,对基本存款账户或一般存款账户中超过该额度的部分按双方约定的协定存款利率进行单独计息，以获得较高的利息收入。单位协定存款产品兼具流动性和收益性，可使存款单位在保证日常收支的同时获取较高的收益。

单位通知存款是指存款人在存入款项时不约定存期，支取时需提前通知银行，约定支取存款日期和金额方能支取的存款。通知存款的利率高于活期存款，但低于定期存款，其取款的灵活性高于定期存款，能为存款单位带来较多的利息收入，但它规定了最低起存金额和最低支取金额，适用于大规模、支取较频繁的存款。

(五) 公司贷款产品

公司贷款产品包括流动资金贷款、固定资产贷款、商业票据贴现等，如图11-1所示。

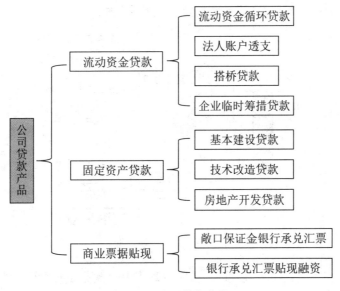

图11-1　公司贷款产品

(1) 流动资金贷款。流动资金贷款是商业银行为满足企业正常生产经营周转或临时性资金需求而发放的本外币贷款。银行按照企业经营规模核定流动资金授信额度，签订循环贷款合同，即可在合同有效期内按约定的额度和方式多次提取，随借随还，循环使用，企业用款只需填写借据，免除了繁复的审批程序。

(2) 固定资产贷款。固定资产贷款是银行为解决企业固定资产投资活动的资金需求而发放的贷款，主要用于固定资产项目的建设、购置、改造及其相应配套设施建设的中长期本外币贷款。

固定资产贷款一般贷款金额较大、期限较长，多为中期或长期贷款，并且大部分采取分期偿还。在贷款保障方式上，除了要求提供必要的担保外，一般要求以项目新增固定资产作抵押。在贷款方法上，一般采用逐笔申请、逐笔审核。

(3) 商业票据贴现，是由付款人签发并承兑，或由收款人签发交由付款人承兑付款的票据。从法律角度看，商业汇票承兑人承担第一付款人的责任；银行承兑汇票是由承兑银行开立存款账户的存款人即承兑申请人签发，由开户银行承兑付款的票据。

商业汇票贴现是指持票人将未到期的商业汇票转让给银行，银行在按贴现率扣除贴现利息后将余额票款付给持票人的一种授信业务。商业汇票持有人在资金暂时不足的情况下，可以凭承兑的商业汇票向银行办理贴现，以提前取得货款。

票据具备非常好的流动性，商业汇票贴现产品对买方而言可以在一定程度上转移资金成本，对卖方而言，可以降低坏账风险(相对于赊账)。一方面，企业可以根据自身的资金情况，决定是否贴现取得资金，可以有效降低资金成本。另一方面，票据天然连接上下游客户，是调整信贷规模的有力工具，银行可以有效锁定资金用途。

(六) 公司结算产品

公司结算产品包括票据类、非票据类等，如图11-2所示。

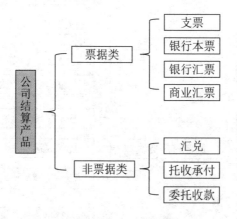

图11-2 公司结算产品

(1) 票据类。支票是出票人签发的，委托办理支票存款业务的银行或者其他金融机构见票时无条件支付确定的金额给收款人或者持票人的票据。其可以用于商品交易、劳务供应及其他款项的结算；可以用于转账、支取现金；也可以背书转让给第三方；还可以直接用于单位采购、单位或个人购物消费结账购买机船车票、旅行和入住酒店等。

银行本票是由出票人签发的，承诺自己在见票时无条件支付确定的金额给收款人或持票人的票据。银行本票可以转账，也可以支取现金。银行本票有用途广泛、携带方便、实时入账、信用保障、费用低廉等特点。银行本票适用于单位或个人在同一票据交换区域或同城的款项结算。

银行汇票是出票银行签发的，由其在见票时按照实际结算金额无条件支付给收款人或持票人的票据。银行汇票的出票银行为银行汇票的付款人。

商业汇票是由出票人签发的，委托付款人在指定日期无条件支付确定金额给收款人或持票人的票据。各企业、事业单位之间只有根据购销合同进行合法的商品交易，才能签发商业汇票。商业汇票的使用对象为在银行开立账户的法人。商业汇票必须经过承兑。商业汇票在同城、异地都可以使用，而且没有结算起点的限制。

(2) 非票据类。汇兑是汇款人委托银行将其款项支付给收款人的结算方式。它是金融机构承担的非票据类结算服务，属于汇款人向异地支付时的一种结算方式。其具有灵活方便、手续简单、无起点金额、异地主动付款、单位和个人均可使用等特点。

托收承付是根据购销合同由收款人发货后，委托银行向异地付款人收取款项，由付款人向银行承认付款的一种结算方式。

委托收款是收款人委托银行向付款人收取款项的结算方式。其适用于单位和个人凭债券、存单、已承兑的商业汇票等付款人的债务证明办理款项的结算，同城和异地都可以使用。

(七) 商业银行产品

商业银行产品包括资金类、中间业务类，如图11-3所示。

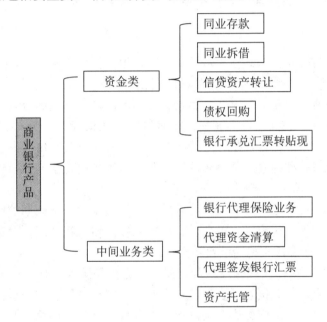

图11-3　商业银行产品

(1) 资金类。同业存款是指各商业银行、信用社及财务公司、证券公司、信托公司等非银行金融机构开办的存款业务。

同业拆借是指银行与其他金融机构之间，完全凭借信用或资信进行的无担保、无抵质押的人民币短期资金融通业务，包括同业拆入、同业拆出。同业拆借的融通资金期限比较短，参与主体是商业银行和其他金融机构，一般是信用拆借，利率相对较低。同业拆借具有三个功能：①具有短期资金调剂作用；②有利于银行实现流动性、安全性和盈利性相统一的经营目标；③同业拆借形成的利率通常发挥基准利率作用。

上海银行间同业拆借利率(Shanghai interbank offered rate，简称Shibor)，是由信用等级较高的银行组成报价团自主报出的人民币同业拆出利率计算确定的算术平均利率，是单利、无担保、批发性利率。目前，对社会公布的Shibor品种包括隔夜、1周、2周、1个月、3个月、6个月、9个月及1年。

> **练一练**
>
> **同业存款与同业拆借的异同**
>
> 相同点：都属于无须抵押品的纯信用资金借贷，按银监会规定均不纳入各项存款考核口径，不计入存入行的存贷比指标，无须缴纳存款准备金，利率由交易双方自行商定。
>
> 不同点：第一，对不具备银行间市场交易资格、融资能力较差的中小机构来说，高息吸收同业存款是其弥补头寸的有限途径之一。其次，同业存款属于网下交易，透明程度低；同业拆借属于网上交易，在全国银行间同业拆借中心的交易平台上完成。最后，同业存款在金额、期限方面尚无明文规定，实际操作中金额一般不超出授信额度，期限以1年内为主；同业拆借实行限额管理，对不同类型金融机构的最高拆入和拆出限额均有明确规定。

信贷资产转让是指银行与其他金融同业之间，根据协议约定相互转让在其经营范围内的、自主、合规发放且未到期的信贷资产的融资业务。

债券回购是指债券交易的双方在进行债券交易的同时，以契约方式约定在将来某一日期以约定的价格(本金和按约定回购利率计算的利息)，由债券的"卖方"(正回购方)向"买方"(逆回购方)再次购回该笔债券的交易行为。从交易发起人的角度出发，凡是抵押出债券，借入资金的交易就称为进行债券正回购；凡是主动借出资金，获取债券质押的交易就称为进行逆回购。

银行承兑汇票转贴现是指贴现银行将其持有的已贴现的尚未到期的银行承兑汇票转让给其他银行的融资行为。转出行将汇票转让给转入行，转入行从汇票金额中扣除贴现利息后，将汇票金额的其余金额支付给汇票转出行。

(2) 中间业务类。银行代理保险业务是商业银行受保险人委托，在从事自身业务的同时，利用银行与社会各行业接触面广的特点和商业银行独特的机构网点优势、网络优势、人才优势、品牌优势，在遵守国家有关法律法规和规章制度，遵循自愿和诚信原则的基础上，为保险公司代办经保险监督部门核批的保险业务。

代理资金清算是指商业银行利用网上银行和系统内资金实时汇划系统，向同业客户包括证券公司财务公司、外资银行或地方性商业银行等提供跨行、跨地区的人民币资金清算服务，包括内部资金清算和代理对外兑付。

代理签发银行汇票是银行受其他银行委托，代理开出银行汇票的业务。

资产托管是指具备一定资格的商业银行作为托管人，依据有关法律法规，与委托人签订委托资产托管合同，安全保管委托投资的资产，履行托管人相关职责的业务。

(八) 国际业务产品

国际业务产品包括国际结算产品、国际融资产品、外汇产品等，如图11-4所示。

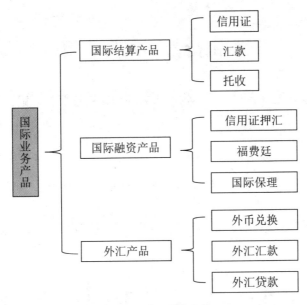

图11-4　国际业务产品

(1) 国际结算产品。国际间进行债权债务的往来时需要用货币收付并结清，这就产生了对国际结算业务的需求。国际结算的方式主要有信用证、汇款和托收三种。信用证是开证行根据申请人的要求和指示，向受益人开立的，在一定期限内凭规定的单据，即期或在一个可以确定的将来日期，承付一定金额的书面承诺。汇款，是指汇款人委托本地银行，通过该银行在国外的代理行、联行将款项汇付给收款人的一种结算方式。托收，是一种银行有条件的付款承诺，由进口地银行根据进口商的要求开具书面承诺，在一定的期限内凭借规定的单据进行付款。

(2) 国际融资产品。国际融资是指在国际金融市场上通过各种金融机构运用金融手段进行的资金融通。国际融资产品主要包括信用证押汇、福费廷和国际保理。信用证押汇指出口商发运货物后，按照信用证要求制备相关单据提交银行申请相关的短期资金融通。福费廷，又称包买票据，是指包买商(一般为商业银行或其他金融企业)从出口商那里无追索权地购买已经承兑的、并且通常由进口所在地银行担保的远期汇票或本票。国际保理，又称承购应收账款，指出口商交货后把应收账款的发票和装运单据转让给保理商，即可取得应收取的大部分货款，日后假如进口商不付或逾期付款，则保理商承担相应的付款责任。

(3) 外汇产品。外汇产品包括外币兑换、外汇汇款、外汇贷款等业务。外币兑换指外币兑换成人民币，人民币兑换成外币或者一种外币兑换成另一种外币的业务。外汇汇款指银行应汇款人要求，通过国外联行或代理行将汇款人的资金交给收款人的业务。外汇贷款是银行以外币为计量单位向企业、金融机构等发放的贷款。

三、银行营销人员的构成

银行营销人员包括银行客户经理、银行大堂经理、银行柜员、银行理财经理等。

(一) 银行客户经理

银行客户经理岗位职责包括市场调研、客户开发、产品营销、组织协调、风险管理、客户维护等。

银行客户经理的服务营销技巧包括寻找客户、接近客户、面谈商议、异议处理、促成合作、客户维护等。

练一练

演练银行客户经理服务营销基本操作流程

活动要求：在实验室情景下，以小组为单位，利用课上约40分钟时间，针对银行客户经理服务营销流程的要求，进行模拟演练。

演练步骤具体如下。

① 组织设计：每小组选派10人，确定角色，5人分别扮演寻找客户、接近客户、面谈商议、处理异议和促成合作等5个步骤中的客户经理，5人扮演各步骤中的客户；主讲教师全程负责，指定专人负责录像和演练记录。

② 模拟形式：分别模拟演练银行客户经理服务营销操作流程每一步骤的内容要点。在模拟演练中，客户经理与客户的关系可以互换，每一小组模拟演练的时间在8分钟之内。

③ 学生点评：按规定，其余学生分别为每一组模拟演练的学生点评并给出成绩。

④ 成绩评定：教师给出成绩，加总后一并计入学生课堂成绩。

⑤ 成果展示：演练记录和录像由教师存档，作为课堂学习成果予以展示。

(二) 银行大堂经理

银行大堂经理岗位职责包括客户分流、服务管理、业务营销、客户开发、秩序维护、信息反馈等。

银行大堂经理的服务营销技巧包括工作准备、迎接客户、引导分流、业务营销、投诉处理、跟踪维护等。

> 练一练

演练银行大堂经理服务营销技巧

活动要求：以班级为单位，利用课上约30分钟时间，针对银行大堂经理服务营销的特点，模拟演练银行大堂经理服务营销技巧。

演练步骤具体如下。

(1) 组织设计：以班级为单位，教师全程把控，指定1人负责录像，1人负责记录，1人主持模拟演练。

(2) 模拟形式：每个自然学习小组选出2人，分别扮演客户和大堂经理，在课堂做银行大堂经理服务营销模拟演练；演练时间不超过3分钟，由主持人指定或演练者自选演练模式和内容。

(3) 学生点评：按规定的标准，学生点评并给出成绩。

(4) 成绩评定：教师给出成绩，加总后一并计入学生课堂成绩。

(5) 成果展示：演练记录和录像由教师存档，作为课堂学习成果予以展示。

(三) 银行柜员

银行柜员岗位职责包括：熟练掌握银行柜员的岗位操作规程，严格执行银行的规章制度，灵活运用专业知识和岗位技能，为客户办理相关的柜面业务；能熟练运用计算机、打印机等设备，保持设备的清洁和完好，以维护其正常运转；妥善保管和正确使用本柜台的各种业务用章、印鉴卡及个人名章等，按照规定及时登记本柜台设置的相关登记簿；负责本柜尾箱的管理，按照银行的相关规定办理营业所需现金、有价单证、重要空白凭证的领缴、使用、登记和保管；完成相关凭证的出售，收取手续费、凭证费等相关费用，做到账证、账款相符；按照服务规范，为客户办理存取款、计息、开销户和挂失等银行基本业务；负责主辅币、残币的兑换和有价证券的兑付业务，按照规定办理中间业务的代收和代付等业务；如需临时离柜，在离柜前，应该按照规定办理临时签退，并妥善保管好印章、现金和凭证等重要物品；在业务操作过程中，如出现设备故障，应立即向主管柜员报告，按照规定进行处理，不得擅自处理或不闻不问；要有营销意识，在业务办理过程中敏锐发现销售机会，向客户适时营销银行产品或服务，并做好交叉销售工作；要有团队合作精神，加强与网点内的客户经理、大堂经理和理财经理等的配合，及时发现潜在客户并适时推荐；营业结束后，按照操作规定进行柜台扎账等工作，负责当班库存现金、重要空白凭证和有价单证的清理、核对等工作，收检业务用章。结存现金、重要空白凭证和有价单证等放入尾箱后交主管柜员集中保管，完成班次交接和登记手续的办理等。

银行柜员的服务营销技巧包括迎接客户、掌握信息、发现需求、主动营销、促成合作、礼貌送客等。

(四) 银行理财经理

银行理财经理岗位职责包括理财咨询与指导、客户开发与维护、产品销售与推广、营销策划与实施、市场调查与分析、信息收集与反馈等。

银行理财经理的服务营销技巧包括客户定位、寻找开发、跟踪筛选、发展转换等。

看一看

银行公司业务营销流程

银行个人业务营销流程

案例阅读

大数据帮助商业银行改善与客户的关系

西太平洋银行是澳大利亚一家拥有1000万客户的零售商业银行。其客户包括普通消费者、小企业主和拥有5000万以上资产的商业企业,可以提供日常的银行业务、储蓄、信用卡、借记卡、借贷、保险、投资和退休计划、在线投资等业务。与客户共同发展成长是澳大利亚四大银行之一的西太平洋银行一直遵循的价值观。随着数据源的增长和客户互动次数的增加,西太平洋银行开始了新的营销探索,他们将数据视为业务的血液。

西太平洋银行通过实施KnowMe项目重塑与1000万客户的关系,整合传统营业网点、呼叫中心、网站、手机、PDA、ATM等渠道的数据,为80%的客户提供一对一的个性化营销,从而使客户满意度超过竞争对手。

当消费者在某个汽车网站上浏览汽车信息时,西太平洋银行可以根据消费者的资产情况、还贷能力等信息,推出有针对性的汽车贷款广告;在消费者请求在线客服时,服务页面的一角会实时地推出有针对性的产品广告,当消费者在Twitter或Facebook上留言,想知道某房屋的贷款以及还款情况时,西太平洋银行的客服人员会及时提供房贷信息。

西太平洋银行每月会与客户进行6000万次来自网点、呼叫中心、ATM、移动端等渠道的互动。利用这些数据,西太平洋银行更加深入地理解客户需求,适时推荐客户正好需要的产品和服务。营销方式从"以产品为中心"向"以客户为中心"转变。这种转变也获得了市场和客户的认可,西太平洋银行的客户满意度高居澳大利亚银行第一。

案例来源:https://bbs.pinggu.org/thread-3513031-1-1.html

思考题

1. 简述银行产品分类及特点。
2. 什么是银行服务营销?
3. 银行营销人员由哪些人员构成?他们的岗位职责如何进行界定?怎样对其进行绩效考核?
4. 银行营销人员有哪些服务营销技巧?

第十二章 保险产品分类及特点

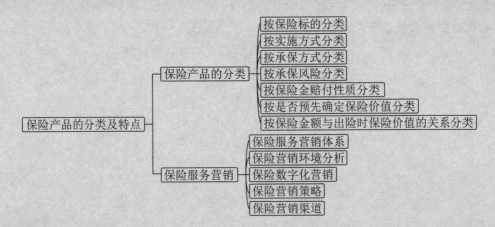

学习目标

1. 掌握保险产品分类及特点,保险服务营销人员的岗位设置和岗位职责
2. 熟悉保险电话服务营销的业务流程和营销技巧
3. 能够解释保险代理人和保险经纪人的业务流程和技巧,辨析直接保险营销和间接保险营销的区别
4. 能够按照营销流程,运用营销技巧进行保险业务的电话营销、保险代理人的服务营销和保险经纪人的服务营销

一、保险产品的分类

根据《中华人民共和国保险法》第二条规定,"本法所称保险,是指投保人根据合同约定,向保险人支付保险费,保险人对于合同约定的可能发生的事故因其发生所造成的财产损失承担赔偿保险金责任,或者当被保险人死亡、伤残、疾病或者达到合同约定的年龄、期限等条件时承担给付保险金责任的商业保险行为"。

(一) 按保险标的分类

按保险标的分类,可将保险分为财产保险和人身保险。

财产保险是以财产及其有关利益为保险标的的一种保险,包括财产损失保险责任保险、信用保险等保险业务。财产保险有广义和狭义之分。广义财产保险是以财产及其有关的经济利益和损害赔偿责任为保险标的的保险。狭义财产保险则是指以物质财产为保险标的的保险，实务中一般称之为财产损失保险。

人身保险是以人的寿命和身体为保险标的的保险，包括人寿保险、健康保险意外伤害保险等保险业务。当被保险人在保险期限内发生死亡、伤残或疾病等事故，或生存至规定时点时，保险人给付被保险人或其受益人保险金。就人身保险的保险标的而言，当以人的生命作为保险标的时，它以生存和死亡两种状态存在；当以人的身体作为保险标的时，它以人的健康、生理机能、劳动能力等状态存在。

(二) 按实施方式分类

按实施方式分类，可将保险分为强制保险和自愿保险。

强制保险是由国家或政府通过法律或行政手段强制实施的一种保险。强制保险的保险关系虽然也是产生于投保人与保险人之间的合同行为，但合同的订立受制于国家或政府的法律规定。强制保险的实施方式有两种选择：一是保险标的与保险人均由法律限定；二是保险标的由法律限定，但投保人可以自由选择保险人。强制保险具有全面性与统一性的特征，例如机动车交通事故责任强制保险。

自愿保险是在自愿原则下，投保人与保险人双方在平等的基础上，通过订立保险合同而建立的保险关系。自愿保险的保险关系，是当事人之间自由决定、彼此合意后所建立的合同关系。投保人可以自由决定是否投保、向谁投保、中途退保等，也可以自由选择保险金额、保障范围、保障程度和保险期限等。

(三) 按承保方式分类

按承保方式分类，可将保险分为原保险、再保险、共同保险和重复保险。

原保险是保险人与投保人之间直接签订保险合同而建立保险关系的一种保险。在原保险关系中，保险需求者将其风险转嫁给保险人，当保险标的遭受保险责任范围内的损失时，保险人直接对被保险人承担赔偿责任。

再保险是保险人将其所承保的风险和责任的一部分或全部，转移给其他保险人的一种保险。转让业务的是原保险人，接受分保业务的是再保险人。这种风险转嫁方式是保险人对原始风险的纵向转嫁，即第二次风险转嫁。

共同保险又称为共保，是指由两个或两个以上保险人联合承保同一保险业务或共同分担同一笔损失的保险行为。共同保险的各保险人承保金额的总和等于保险标的的保险价值。在保险实务中，可能是多个保险人分别与投保人签订保险合同，也可能是多个保险人以某一保险人的名义签发一份保险合同。与再保险不同，这种风险转嫁方式是保险人对原始风险的横向转嫁，仍属于风险的第一次转嫁。

重复保险是指投保人以同一保险标的、同一保险利益、同一保险事故，在同一保险时期分别与两个或两个以上保险人订立保险合同的一种保险。

(四) 按承保风险分类

保险可分为单一险、综合险和一切险。单一险是仅对某一风险提供保障的保险。综合险是指对保险人的两种及两种以上的风险损失承担赔付责任的保险。一切险是指保险人对列举不保风险意外的一切风险都提供保险保障的风险。

(五) 按保险金赔付性质分类

按保险金赔付性质分类，保险可分为补偿性保险与给付性保险。

补偿性保险是指以补偿被保险人的经济损失为限，补偿金额不超过保险金额的保险。各类财产保险合同和人身保险中的健康保险合同的疾病津贴和医疗费用合同都属于补偿性保险合同。

给付性保险是指保险金额由双方事先约定，在保险事件发生或约定的期限届满时，保险人按合同约定的金额给付的保险。各类寿险属于给付性保险。

(六) 按是否预先确定保险价值分类

在各类财产保险中，依据标的价值在订立合同时是否确定，将保险分为定值保险与不定值保险。在人身保险合同中，通常不区分定值保险合同与不定值保险合同。

定值保险合同是指在订立保险合同时，投保人和保险人便已经确定保险标的的保险价值，并将其载明于合同中的保险合同。定值保险合同成立后，一旦发生保险事故，就应以事先确定的保险价值作为保险人确定赔偿金数额的计算依据。如果保险事故造成保险标的的全部损失，无论该保险标的的实际损失如何，保险人均应支付合同所约定的保险金额的全部，不必对保险标的重新估价；如果保险事故仅造成保险标的的部分损失，则只需要确定损失的比例。该比例与保险价值的乘积，即为保险人应支付的赔偿金额，同样无须重新对保险标的的实际损失的价值进行估量。

不定值保险合同是指投保人和保险人在订立保险合同时不预先确定保险标的的保险价值，仅载明保险金额作为保险事故发生后赔偿最高限额的保险合同。在不定值保险合同条件下，一旦发生保险事故，保险合同当事人需估算保险标的的实际价值，并以此作为保险人确定赔偿金数额的计算依据。通常情况下，受损保险标的的实际价值以保险事故发生时当地同类财产的市场价格来确定，但保险人对保险标的的所遭受损失的赔偿不得超过合同所约定的保险金额。

(七) 按保险金额与出险时保险价值的关系分类

按保险金额与出险时保险价值的关系分类，保险可分为足额保险、不足额保险和超额保险。

足额保险是指保险金额等于保险事故发生时保险标的的实际价值的保险。不足额保险合同是指保险金额小于保险事故发生时保险标的的实际价值的保险。超额保险合同是指保险金额大于保险事故发生时保险标的的实际价值的保险。

二、保险服务营销

保险营销,是指以保险为商品,以市场为中心,以满足被保险人需要为目的,实现保险企业目标的一系列整体活动。从整体来看,保险市场营销活动由三个阶段组成,即分析保险市场机会、研究和选择目标市场、制定营销策略。

保险营销包括保险市场营销的管理、保险市场营销环境的分析、保险市场营销目标的选择和保险市场营销策略的制定等。保险营销的目标不仅是通过推销保险商品获得利润,还要提高保险企业在市场上的地位或占有率,在社会上树立良好的信誉。

(一) 保险服务营销体系

保险服务营销体系结构图,如图12-1所示。

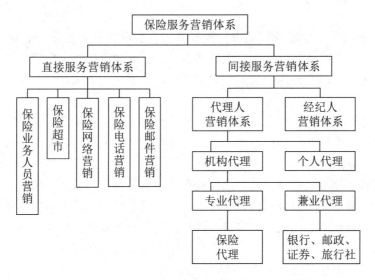

图12-1 保险服务营销体系结构图

(二) 保险营销环境分析

保险营销环境是指与保险企业有潜在关系,能够影响保险企业的发展和维持与目标市场所涉及的一切因素和力量的总和,图12-2为以市场为导向的保险营销流程图。

外部环境分析包括人口环境、经济环境、政治法律环境、社会文化环境和科学技术环境等。

内部环境分析包括保险企业内部各部门的影响力、保险中介人的影响力、保险购买者的影响力、竞争对手的影响力和社会公众的影响力等。

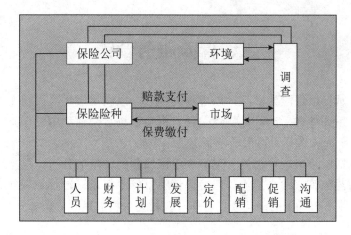

图12-2 以市场为导向的保险营销流程图

(三) 保险数字化营销

保险业在金融科技浪潮的推动下,面临新的机会和挑战,大数据、机器学习、物联网、区块链等技术不断被运用到保险业务链条上,行业的价值链正在逐步被改变。传统的保险产品和服务方式已渐渐地无法满足客户需求,数字化是未来客户与保险公司产生交互的主要方式。

保险数字化营销是指保险公司通过数字传播渠道开展保险业务,保险客户在线上获取保险公司的信息、保险产品的信息等,线上完成保险产品的购买、咨询、报案、索赔等相关行为的一种服务营销活动。

保险业的数字化可以有效降低传统保险市场的交易费用,从客户的角度全面思考科技与保险的融合。目前大部分公司提供了线上购买、线上核保、线上报案、线上理赔等便捷的服务,科技可以提高工作效率,完成一些较为单调且重复性强的工作,使保险"随时随地"成为可能,人工智能和大数据可以更加快捷高效地搜集和处理信息,物联网技术可以帮助保险公司更好地确定定价基础、防范风险。

保险数字化营销的优势有5点,包括:①方便快捷,不受时空限制;②彰显品牌,不断开发客户;③持续创新,接轨国际市场;④个性服务,提升客户满意;⑤费用较低,降低经营成本。同时,保险数字化营销也存在很多不足之处,如:信息安全问题,大部分时候只能被动营销,以及受到文化制约,等等。

(四) 保险营销策略

(1) 广告促销策略。广告的作用主要有:建立公司的企业形象;介绍新险种服务项目或营销策略;宣传社会对保险企业的评价;促进保险消费者接受保险市场营销的手段。

(2) 公共关系促销策略。公共关系策略包括新闻宣传、事件创造、公益活动、书刊资料与视听资料、电话公关、人员促销策略等。

保险电话营销是指通过专业的呼叫中心,以电话作为与目标客户进行信息沟通的媒介,保险电话营销专员通过电话向准客户推销保险产品的一种营销方式。

保险邮件营销是指保险公司以印刷品的方式通过邮政服务来营销保险产品或提供广告信息的一种营销方式。

(五) 保险营销渠道

保险营销渠道是指保险商品从保险企业向保户转移过程中所经过的途径。保险市场营销渠道有两种:直接营销渠道和间接营销渠道。

直接营销渠道是指保险企业利用支付薪金的业务人员对保险消费者直接提供各种保险商品的销售和服务。这种方式适合于实力雄厚、分支机构健全的保险公司。

间接营销渠道亦称中介制,是指保险企业通过保险代理人和保险经纪人等中介机构推销保险商品。

表12-1展示了保险代理人与保险经纪人的区别。

表12-1 保险代理人与保险经纪人的区别

	保险代理人	保险经纪人
主体不同	单位和个人	有限责任公司
法律地位不同	代表保险公司的利益,为保险公司招揽业务	代表投保人的利益,运用专业知识为投保人争取合适的保险保障
进行业务活动的名义不同	以保险人的名义从事代理活动	以保险经纪人自己的名义从事代理活动
法律后果不同	法律上的后果由保险人承担	法律上的后果由保险经纪人自己承担
民事责任不同	被代理人承担在授权范围内由于代理人的过错给投保人、被保险人和受益人造成的损失	保险经纪人自己承担由于在办理保险业务中的过错给投保人、被保险人和受益人造成的损失

练一练

活动设计:演练保险营销话术

活动要求具体如下。

(1) 保险营销话术是保险服务营销的利器,作为一名合格的保险服务营销人员,必须掌握保险营销话术。

(2) 以小组为单位,利用课堂时间,通过角色扮演,模拟演练开场白和拒绝处理等保险营销专业话术,以提高学生营销的实战能力。

活动步骤具体如下。

(1) 组织设计:以班级为单位,教师全程掌控,指定1人负责录像,1人负责记录,1人主持模拟演练。

(2) 模拟形式:每个自然学习小组分别选出一个代表队2人,分别扮演保险服务营销顾问和保险客户,在课堂做一对一保险营销话术模拟演练;演练时间不超过5分钟,由主持人指定或演练者自选演练模式和内容。

(3) 学生点评：按照保险沟通的流程和要点的标准，学生点评并给出成绩。

(4) 成绩评定：教师按照学生模拟表现给出成绩，加总后一并计入学生课堂成绩。

(5) 成果展示：演练记录和录像由教师存档，作为课堂学习成果予以展示。

案例阅读

众安保险——精准数字营销

众安在线财产保险股份有限公司成立于2013年11月，是中国首家互联网保险公司，总部位于上海，不设任何分支机构，完全通过互联网开展业务。2016年11月，其全资子公司众安信息技术服务有限公司(简称"众安科技")成立，致力于人工智能、区块链、大数据和云计算等前沿科技的探索和应用，将技术方案产品化，向海内外市场输出科技产品和行业解决方案。

一、"步步保"大数据精准定价

"步步保"是由众安保险携手小米运动与乐动力App推出的国内首款与可穿戴设备及运动大数据结合的健康管理计划。首期步步保产品相当"任性"：不仅以用户的真实运动量作为定价依据，用户的运动步数还可以抵扣保费。所以如果客户是一位持之以恒的"跑者"，就很有可能通过运动量免费换取一份保额高达20万的重大疾病险，真正实现为健康而跑。

"步步保"通过与可穿戴设备及运动大数据结合，在合作伙伴小米运动、乐动力App中开设入口，用户投保时，系统会根据用户的历史运动情况以及预期目标，推荐不同保额档位的重大疾病保险保障(目前分档为20万、15万、10万)，用户历史平均步数越多，推荐保额就越高，比如每天10000步，推荐的保额可以达到15万。保单生效后，用户每天运动的步数越多，下个月需要缴纳的保费就越少。该产品具有以下特色。

(1) 为健身族"定制"的保险：以用户运动量作为保费、保额的定价依据，实施动态定价机制，正向激励用户持续运动。

(2) 智能运动大数据首入保险业：步步保基于运动数据，可以更精准地筛选用户，并根据数据为用户打造适合的产品，用户通过健康管理降低了疾病风险，保险公司也降低了赔付率，因而能够实现双赢。

二、众安保险的数字化营销

疫情期间，面对严峻的防疫防控形势，传统保险业务模式面临巨大的挑战，保险企业纷纷开始布局线上运营平台展开自救，为业务增长提供更多元化的渠道和策略，并进行必要的转型与升级。除了代理人服务之外，疫情带来的改变可以说是方方面面的。例如，保险理赔等环节提速，通过人工客服与智能客服相互协同的方式，在疫情期间围绕科技化，保险行业进行了一系列的探索和尝试，目前已通过产品化，基本建立了闭环的线上作业运营体系。

以众安保险为例，基于运营在云端的核心系统"无界山"，以及实现全业务支撑的智能客服"众安精灵"和可视化回溯技术"千里眼"，众安构建了基础的运营支撑体系。

在此之上，众安又通过应用人工智能、大数据等技术，开发了支撑产品开发与定价的数据实验室、智能风控等产品，支撑营销的X-Man智能营销平台和业务开放平台等，支撑投保和核保的医疗数据平台、核保机器人和智能保顾等产品，以及支撑理赔的医疗知识图谱、商保平台、视频理赔和医疗文本结构化等产品，从而实现了科技对保险业务全流程的赋能，为更广泛的用户带去体验更加便捷、产品更加温暖、保障更加普惠的保险。

以众安开发的一站式用户运营解决方案X-Man为例，致力于协助险企解决这一系列的问题。在运用X-Man后，传统企业可节省支持互联网业务80%的开发时间，提升60%的运营效率，同时线上的转化率能同步提升40%。而在后期服务等环节，众安同样提供了丰富的科技解决方案。例如，众安的客服工作已不再依赖于线下的人工客服。目前，85%的在线客服会话均由线上的智能机器人处理，通过对自然语言的精准抓取，智能客服迅速回应。

2020年3月4日，众安金融科技研究院发布《保险行业全景分析——新冠肺炎疫情影响报告》。报告提出，疫情将加速险企线上渠道的完善，科技助力智慧保险和保险产品创新的步伐也将加速。此次疫情突如其来，以众安为代表的互联网险企依靠在数字化进程中的积累，消化了部分不利影响，同时在服务能力升级、巨灾防范、生态建设、产业布局方面带来了新的思考与启示。

第十三章
证券产品分类及特点

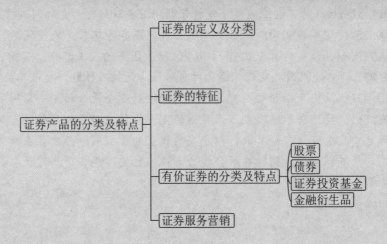

学习目标

1. 掌握证券产品分类及特点
2. 了解证券公司客户经理的岗位职责、管理形式和绩效考核指标
3. 理解证券经纪业务营销的内涵
4. 熟悉并掌握证券经纪业务客户开发和客户服务的方式与流程

我国已经基本形成一个初具规模、分工明确的金融市场体系,主要包括货币市场和资本市场。中国的货币市场主要包括同业拆借市场、银行间债券市场和票据市场。在资本市场方面,中国已初步形成以债券和股票等证券产品为主体,场外市场和交易所市场并存的资本市场,包括证券交易所、市场中介机构、监管机构和全国性资本市场。随着我国金融市场的发展,大众对各类证券的投资需求不断增加,此时证券营销就显得尤为重要。如何推荐消费者购买合适的证券则是证券营销人员的必修课。

一、证券的定义及分类

证券是多种经济权益凭证的统称,是证明证券持有人有权按其券面所载内容取得应有权益的书面证明,可以分为证据证券、凭证证券、有价证券。

(1) 证据证券,即单纯证明一种事实的书面文件,如信用证、证据、提单等。

(2) 凭证证券,即认定持证人是某种私权的合法权利者,证明持证人所履行的义务的有效文件,如存款单。

(3) 有价证券,即标有票面金额,证明持有人有权按期取得一定收入并可自由转让和买卖的所有权或者债券凭证,是虚拟资本的一种形式。有价证券按其所表明的财产权利的不同性质,分为商品证券、货币证券及资本证券。

二、证券的特征

(1) 权利性,即财产的所有权或债权。有价证券权利人对其财产拥有财产所有权或债权,享有财产的占有、使用、收益和处分的权利。虽然证券持有人并不实际占有财产,但可以通过持有证券,在法律上拥有有关财产的所有权或者债权。

(2) 收益性,即权利的回报。证券持有者凭借持有证券而获得一定数额的收益,也是投资者转让资本所有权或者使用权的回报。有价证券的收益表现为利息收入、红利收入和买卖证券的差价。收益的多少通常取决于该资产增值数额的多少和证券市场的供求状况。

(3) 风险性,即预期不能实现或发生变化,证券持有者因未来各种不确定性因素而面临可预测或不可预测的投资收益不能实现或不能完全实现,甚至使得本金也受到损失的可能性。

(4) 流动性,即变现性,证券持有人依照自己的需要在金融市场上获取现金的行为。

(5) 期限性,即明确的还本付息期限,有价证券在证券市场上的存续期限。除非股份公司破产,股票通常具有永不返还的特性;而债券一般具有明确的还本付息期限,以满足不同投资者和筹资者对融资期限及收益率的需求。

三、有价证券的分类及特点

有价证券可以从不同的角度、标准进行分类,如图13-1所示。

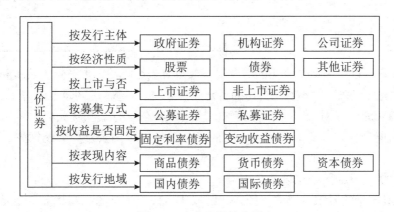

图13-1 有价证券的分类

(一) 股票

股票是股份公司在筹集资本时向出资人公开或私下发行的、用以证明出资人股东身份和权利义务的有价证券,代表股东对股份公司财产的所有权。

在过去,股票通常采用纸质形式,随着科技发展,现代股票以电子计账方式和法律文件方式加以规范，以电子股票形式呈现。根据不同的分类依据，股票有不同的类型及特点，如表13-1所示。

表13-1 股票的分类及特点

分类依据	类别	特点
股东承担的风险和享受的权利	普通股	最普通、最重要、发行量最大的股票种类，其有效性与股份公司的存续期间一致；具有公司经决策参与权、收益分配权、剩余资产分配权、优先认股权等，是风险最大的股票
	优先股	约定股息率，并先于普通股股东领取股息，优先分派股息和清偿剩余资产(优于普通股，但表决权受到一定限制)；股票可由公司赎回，一般无表决权，其风险相对较小
票面是否记载股东姓名	记名股票	股东姓名记载在股票上和股东名册上，大部分国家的股票均采用此法
	不记名股票	股票票面上不记载股东姓名的股票
票面有无金额表示	面额股票	股票票面上标明金额，大部分股票均采用此法
	无面额股票	股票票面上不标明金额，只注明它是公司股本总额若干分之几，以表明股票的价值
股票收益能力	蓝筹股	由业绩持续优良的公司发行，价格高而波动小，收益高而稳定，风险小
	成长股	由处于成长阶段的公司发行，价格较低但未来成长性好，波动性强，收益少而不稳定，风险较大
	垃圾股	由业绩较差的公司发行，股票交投不活跃，收益差甚至亏损，通常是ST类股票
发行地及交易币种不同	A股	境内公司在境内发行，人民币标明面值并买卖
	B股	境内公司在境内发行，人民币标明面值但以外币(沪市用美元、深市用港币)买卖
	S股	境内公司在新加坡发行，以外币买卖
	N股	境内公司在美国纽约发行，以美元买卖
股份公司流通股股本额度不同	大盘股	流通股在5亿以上
	小盘股	流通股不超过1亿

普通股股东可以全面参与公司的经营管理，享有资产收益、参与重大决策和选择管理者等权利，而优先股股东一般不参与公司的日常经营管理，不参与股东大会投票。

优先股与普通股相对应，是一种特殊的股票，股东享有某些优先权力，如优先分配公司盈利和剩余财产权，具有股息率固定、股息分派优先、剩余资产分配优先、一般无表决权等特点。

普通股与优先股的区别有以下几点。

(1) 普通股股东的股东收益并不固定，既取决于公司当年的盈利状况，还要看当年具体的分配政策，很有可能公司决定当年不分配；而优先股的股息收益一般是固定的。

(2) 普通股股东除了获取股息收益外，普通股本身在二级市场价格的上涨也是重要的收益来源，而优先股的二级市场股价波动相对较小，依靠买卖价差获利的空间也较小。

(3) 普通股股东不能要求退股，只能在二级市场上变现退出；如有约定，优先股股东可以依约将股票回售给公司。

收入股也叫作高息股，指能支付较高收益的普通股，其公司业绩比较稳定。收入股的代表为一些公共事业股票。

周期股指收益随着经济周期波动而波动的公司所发行的股票。

防守股指在经济衰退时期或经济发展不确定因素较多的时候，那些高于社会平均收益且具有相对稳定性的公司所发行的普通股。

概念股指适合某一时代潮流的公司所发行的、股价起伏较大的普通股。

投机股指价格不稳定或公司前景难以确定，具有较大投机潜力的股票。在我国股票市场上，一些ST股票就是投机股的典型代表。

(二) 债券

债券是社会各类经济主体为筹措资金直接向投资者发行的承诺按期还本付息的债权债务凭证。它是一种要式证券，包括票面价值(币种、票面金额)、还本期限、债券利率、发行人名称等要素。债券从不同角度划分有不同类型。

政府债券又可分为国债和地方政府债券，国债有凭证式国债、无记名(实物)国债和记账式国债三种。商业银行、保险公司、证券公司、信托投资公司、资产管理公司等金融机构可以发行金融债券。我国还发行政策性金融债券和特种金融债券。

国际债券包括外国债券、欧洲债券两类。

外国债券是由一国政府、公司企业、银行或非银行金融机构及国际性组织为借款人在另一国的债券市场上发行的债券，其票面金额、利息都以债券发行市场所在国家的货币表示。例如，美国的扬基债券、日本的武士债券、中国的熊猫债券。

欧洲债券又称境外债券，是指一国政府、金融机构及工商企业及国际性金融组织在外国证券市场上发行的，以市场所在国以外的第三国货币为面值的债券，如在亚洲地区发行的龙债券。

(三) 证券投资基金

证券投资基金是一种利益共享、风险共担的集合证券投资方式，即通过发行基金份额，集中投资者的基金，由基金托管人托管、基金管理人管理和运用资金，从事股票、债券等金融工具投资，并将投资收益按基金投资者的投资比例进行分配的一种间接投资方式。

证券投资基金具有集合投资、分散风险、专业理财的三个基本特征，为中小投资者拓宽了投资渠道，有利于证券市场的稳定与发展。

证券投资基金的分类情况，如表13-2所示。

表13-2　证券投资基金的分类

分类标准	类别名称	释义
基金的组织形式和法律地位	契约型基金	通过签订基金契约、发行受益凭证而设立
	公司型基金	投资者购买该家公司的股票就成为该公司的股东
基金运作方式	封闭式基金	限定基金单位的发行总额、存续期限，在证券交易所进行封闭交易
	开放式基金	基金单位的总份额不固定，存续期限可变更，场外柜台市场认购、申购和赎回，买卖价格以资产净值为准
投资策略	成长型基金	追求基金资产的长期增值
	收入型基金	投资于可带来现金收入的有价证券

续表

分类标准	类别名称	释义
投资策略	平衡型基金	既获得当期收入，又追求基金资产长期增值
	指数基金	按照证券价格指数构建投资组合，为被动管理式基金
	ETF	在交易所上市交易的开放式证券投资基金产品，ETF 管理的资产是一揽子股票组合
	LOF	上市型开放式基金，可以在指定网点申购与赎回，也可以在交易所买卖
	对冲基金	利用期货、期权等金融衍生产品以及相关联的不同有价证券进行实买空卖、风险对冲操作
基金投资对象的不同	股票基金	60% 以上的基金资产投资于股票的基金，是证券市场的主要机构投资者
	债券基金	将 80% 以上的基金资产投资于债券基金
	货币市场基金	投资于货币市场的短期有价证券，如商业票据等
	指数基金	投资组合等同于市场价格指数的权数比例
	认股权证基金	投资于认股权证，波动幅度较大

(四) 金融衍生品

金融衍生品(derivatives)，是指一种金融合约，其价值取决于一种或多种基础资产或指数，合约的基本种类包括远期、期货、互换和期权。金融衍生品还包括具有远期、期货、互换和期权中一种或多种特征的混合金融工具。

这种金融合约可以是标准化的，也可以是非标准化的。标准化合约是指其标的物(基础资产)的交易价格、交易时间、资产特征、交易方式等都是事先标准化的，因此此类合约大多在交易所上市交易，如期货。非标准化合约是指以上各项由交易的双方自行约定，因此具有很强的灵活性，比如远期协议。

四、证券服务营销

证券客户经理岗位在券商的组织架构中属于经纪业务部门，从业人员主要分布在各地区的营业部，具有很强的销售属性，所以在理解时，需要抓住两个关键字：业绩和营销。在业绩方面，证券客户经理每个月都有业绩指标要完成，需要花大量时间去拓展人脉，挖掘销售渠道，开发新客户并维护好老客户。

证券公司客户经理的岗位职责有以下几点。

(1) 具有客户开发能力，合法、合规地开展营销工作。在拓展市场、开发客户时，应向客户提供真实、可靠、清楚且有关的信息，不能有任何不实之词和虚假行为。妥善保管客户信息、投资建议书等重要原始档案。

(2) 掌握投资分析技巧。认真开好晨会与投资分析会议，掌握投资分析技巧，提高业务技能。定期进行业务分析，找出问题和差距，提出改进意见和措施，确保考核指标的圆满完成。

(3) 具有客户服务和咨询能力。接待客户热情主动，考虑问题周到细致，为客户着想，耐心地回答客户问题。回答他人问题时，多用简练明确、通俗易懂的语言，避免使用对方不懂的专业术语。对于不能答复的问题，要做好解释工作。

证券客户经理会根据自己的需求，搭建自己的营销渠道。常见的渠道有银行、社区、商务楼固定摊点、户外商场等。

(1) 银行渠道。公司营业部指定专人负责对口合作银行，搭建合作平台，让证券客户经理发挥优势，对公对私齐头并进，相互穿插介绍客户。其常见形式有：与银行联合举办理财报告会，在银行开设理财通道，等等。对客户经理本人来说，多认识一些银行职员，好处是很明显的。

(2) 社区渠道。在社区举办防范金融诈骗讲座、理财知识讲座等，以进行品牌推广。

渠道建设并不一定是必需的，对于客户资源相对充裕的证券客户经理，可能就只需花10%的精力去建设渠道，而把大部分精力投入在开发客户和客户服务上。

练一练

角色扮演：证券客户开发业务技巧

活动设计：以班级为单位，利用课上约30分钟时间，按照证券客户开发业务的流程、技巧和话术，设计客户经理与客户的情境对话，模拟演练证券客户开发业务技巧。

活动组织与步骤具体如下。

(1) 组织设计：以班级为单位，教师全程把控，指定1人负责录像，1人负责记录，1人主持模拟演练。

(2) 模拟形式：每个自然学习小组分别选出1个代表队2人，分别扮演客户和客户经理，在课堂做证券客户开发业务模拟演练；演练时间不超过3分钟，由主持人指定或演练者自选演练模式和内容。

(3) 学生点评：按规定标准，学生点评并给出成绩。

(4) 成绩评定：教师给出成绩，加总后一并计入学生课堂成绩。

(5) 成果展示：演练记录和录像由教师存档，并作为课堂学习成果予以展示。

案例拓展

券商数字化运营已成必然趋势

2020年7月13日，中国证券业协会发布《证券业务示范实践第1号——证券公司运营管理信息报告机制》(以下简称《示范实践》)。随着资本市场的高速发展及行业监管全面从严，券商的业务和管理日趋庞杂，同时，科技革命日新月异，又深刻改变着金融行业的发展模式和竞争业态，数字化运营已成为证券公司发展的必然趋势。

《示范实践》中的指标体系正是顺应这一趋势，以数字指标的形式系统性地呈现证券公司的运营管理情况，有效促进了行业的数字化、精细化运营转型。证券公司可根据实际情况对指标进行调整，并逐步建立与自身业务实际相适应的运营管理信息报告机制，促进运营管理水平的提高。

在传统的线下服务模式中，营业部与客户现场交流，了解需求，提供所需要的服务。

客户线上化后,现场触点消失,营业部无法了解客户需求,无法推送客户需要的服务。同时,线上业务复杂,产品、服务众多,客户难以获取需要的服务。证券公司对客户的投前、投中、投后的服务支持较弱,也难以对客户7×24小时碎片化需求做出响应。证券公司需要根据客户群体行为的变化,进行数字化转型,建立数字化、场景化的线上客户运营体系,重塑连接,深度服务。

证券公司的数字化运营,就是利用新的技术手段,将客户、产品及各种服务全部形成数字化标签,然后通过数据分析,发现或者形成新的服务模式、销售机会、体验提升等,并在实际运作中及时收集数据反馈,做出改进和提升,形成运营闭环。数字化运营是一种精准化的运营方式,可以大大提升运营效率。

将证券公司业务与客户投资场景、生活场景融合,客户的接受程度会比较高。所谓的场景化运营,就是创造一个虚拟场景或者选择一个现实场景,给用户带来较强的代入感,在该场景下产生需求,进而与产品或者服务关联,达到运营目的。例如推广"子女教育"类理财产品,可针对有较大额教育支付需求的客户(如孩子出国、上大学、上私立学校等),将客户带入到设定的教育理财场景中,筛选出满足要求的产品供客户选择,让客户易于接受。证券公司产品、服务与场景的融合能力,将成为证券公司线上财富管理的核心能力。数字化、场景化运营,需要各种系统进行支撑,具体包括以下几点。

(1) 客户标签系统。大数据技术为客户的数字化标签提供了快速计算的能力,能够分析客户的投资能力(如选股能力、择时能力等)、投资风格、客户行为特征,深度挖掘投资需求等,做到比客户更了解自己。时间越长,了解得越深。

(2) 产品和服务标签。对产品和服务的特征进行提炼,如对应的行业、板块、收益率、回撤,适合的场景有投前、投中、投后,风格包括短线、中线、长线等。

(3) 运营中台。运营中台整合客户标签、产品及服务标签、配置引擎、推送渠道(如App、微信、PC端)以及活动模板素材库等。针对某一项数字化运营项目,选择一个特定场景,筛选产品或者服务标签,拟定话术,制作广告或消息模板,通过配置引擎服务策略,进行个性化推送,并跟踪执行情况及收集各种反馈信息。运营中台能够同时运营多个服务场景。

数字化、场景化运营带来的好处具体如下。

(1) 将各种产品、服务推送给有相应需求的客户,使得资源充分利用,并反过来促进产品、服务不断完善。

(2) 个性化服务更容易被客户感知,若对投资决策有帮助,可以提升客户忠诚度,增加客户黏性,而且收益率提升可以延长客户的投资生命周期。

(3) 提升交易量,做大理财规模,增加证券公司收入及提升市场排名。

(4) 进行精准化的服务,提升营销效率,降低服务成本。

证券公司客户众多,集中在线上,靠人工服务不过来,需要依托金融科技,借助客户标签、产品标签、运营中台等手段进行自动化、个性化的运营服务,满足客户财富管理需求,这是与传统服务模式的根本区别。

客户线上化后,证券公司数字化、场景化运营是一项长期工作,应积极探索,不断丰富和完善各种运营服务场景,关注客户资产的保值增值,逐渐提升线上财富管理服务能力,实现证券公司与客户双赢的局面。

第十四章
金融产品数字化营销理念

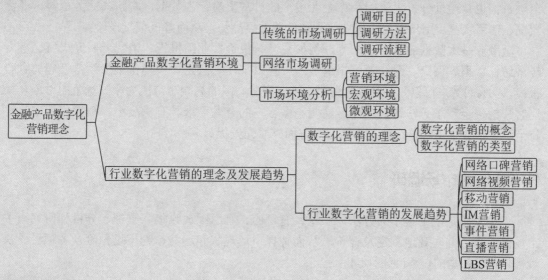

学习目标

1. 了解网络口碑营销的概念、营销法则，网络负面口碑的处理方法，掌握网络口碑营销的要素及制造口碑话题的策略
2. 理解网络视频营销所具有的优势特点，了解网络视频营销的主要形式，熟悉视频病毒营销模式、微电影等模式，掌握网络视频营销的技巧
3. 熟悉移动营销的定义和策略
4. 理解IM(即时通信)营销的定义、类别和特点，掌握IM营销工具的营销方式
5. 了解事件营销、直播营销、LBS的基本概念和发展特点

随着计算机技术、电脑通信技术和数字交互式媒体的发展，传统的金融营销方式已经难以应对，因此金融产品数字化营销应运而生。数字化营销赋予了营销以新的内涵，其功能主要有信息交换、网上购买、网上出版、电子货币、网上广告、企业公关等，是数字经济时代金融企业的主要营销方式和发展趋势。

一、金融产品数字化营销环境

近几年，大数据浪潮迅速席卷全球，数据成为企业重要的生产要素和战略资产，拥有大数据资产的企业将在竞争中占有优势。金融业本身就是基于数据与信息的产业，作为现代经济的核心，金融行业正在积极拥抱大数据技术，大数据金融相对于传统金融有着无可比拟的优势，引发了金融行业广泛而深远的变革，包括银行业、保险业、证券业、征信业等。

数据一直是信息时代的象征，大数据也促进了金融的高频交易、社交情绪分析、信贷风险分析。社交媒体数据应用已经成为数字经济时代的重要组成部分，金融市场的投资者开始从twitter、Facebook、聊天室、微博等社交媒体中提取市场情绪信息，开发交易算法。金融机构也从通过分析大量中小微企业用户的日常交易行为数据，判断其业务范畴、经营状况、信用状况、用户定位、资金需求和行业发展趋势，从而降低信贷风险。

金融业是大数据的重要生产者，例如交易、报价、业绩报告、消费者研究报告、官方经济统计数据、调查、财经新闻报道等。一直以来，二八定律被视作银行经营管理的金科玉律，20%的客户可以带来80%的利润，因此资源有限的高端客户成为激烈竞争的对象，长尾客户的资金需求无法得到满足，这些小微客户的金融需求具有额度小、个性化程度高等特点，金融数字化营销在服务小微客户方面有着先天优势。

(一) 传统的市场调研

市场调研是运用科学的方法，系统、有目的、有组织地收集、整理、分析和研究有关市场的信息，并客观地测定及评价，从而把握市场现状和趋势，为市场预测及各项经验决策提供科学依据的过程(见图14-1)。

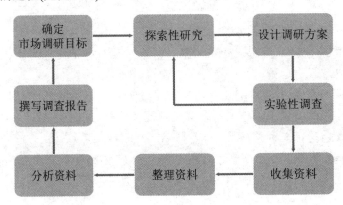

图14-1　传统的市场调研

1. 调研目的

其调研目的是为金融企业产品的销售提供市场信息服务(产品和市场管理部门)，为提高金融企业的经营管理水平提供咨询服务(决策部门)，为金融企业的发展和实现最佳经济效益提供市场依据(产品销售部门)。

金融企业的产品销售部门应了解和发现客户需求，创造新的营销机会，制定科学的营销战略。

2. 调研方法

(1) 按资料分类，调研方法可分为一手资料调研法和二手资料调研法。

一手资料亦称原始资料，是指调查者为了当前的调研目的直接经过搜集整理和直接经验所得的资料。一手资料的搜集方法包括访谈法、观察法、实验法。

二手资料亦称次级资料，是指特定的调查者按照原来的目的收集、整理的各种现成的资料。可从金融企业的内部信息系统、外部的各种媒体、商业伙伴、政府部门等相关机构获取。使用得当，可节约预算，有助于明确或重新明确探索性研究的主题。但有些二手资料缺乏准确性和可信度，必须进行严格审查与评估后方可使用。

(2) 按市场调查对象分类，调研方法可分为全面调查、典型调查、重点调查、抽样调查。

全面调查是对市场调查对象总体的全部单位进行调查。例如，某保险公司要对所在社区的汽车客户进行了解，他们利用10天时间，对社区内的500辆汽车用户逐一进行询问，获取了丰富的信息。

典型调查是指在对市场现象总体进行分析的基础上，从市场调查对象中选择具有代表性的部分单位作为典型，进行深入系统的调查，并通过对典型单位的调查结果来认识同类市场现象的本质及其规律性。

重点调查是从市场调查对象总体中选择少数重点单位进行调查，并用重点单位的调查结果反映市场总体的基本情况。重点单位是指在总体中具有举足轻重的地位的那些单位，虽然它们在调查对象的全部单位中只是一小部分，但其标志总量在被研究总体的全部标志总量中却占绝大比重。例如，某银行为了了解所服务企业的存款变动情况，选择存款占全行存款比重达60%的10户企业进行了解，掌握存款变动的基本趋势。

抽样调查是按照随机原则从全部调查对象中抽取一部分单位进行调查，并据以对全部调查对象做出估计和推断的一种调查方法。抽样调查分为随机抽样、非随机抽样。

(3) 按调查方式分类，调查方法可分为直接调查法、访问调查法、报表法、问卷调查法。

直接调查法是指调查人员亲自到现场对调查项目进行清点、测量以取得资料的一种方法。

访问调查法是指派访问员向被调查者提问，根据回答情况来搜集资料的一种调查方法。

报表法是指由报告单位根据原始记录，依据一定格式及要求，由下及上报送资料的调查方法。

问卷调查法是调查中常用的工具，根据不同场合使用的情况，可设计出不同类型的问卷，而且在设计中可长可短，方便实用，使用频率很高。

3. 调研流程

(1) 确定市场调查的目标。确定调研目的时要明确这样两个问题：一是调研所得信息是为了解决哪些决策问题；二是在费用既定的情况下，调研所得信息要达到怎样的准确程度。确定调查目标时要与决策者进行沟通，根据实际情况做出准确的定义，使调查目标具有可行性。

(2) 探索性研究。探索性研究是指研究者对研究题目的范围和概念不甚清楚，对研究对象的内在联系不熟悉，不能确定假设和研究方向，并且缺乏前人的研究信息和理论，无法提出具体方法以进行精密研究的情况下所用的一种方法。

(3) 设计调研方案。调研方案是整个市场调查的行动纲要。当决定进行正式调研以后，就要制订正式的调研方案。调研方案包括确定调研目标、明确具体调研项目、选择调查方法、确定调查的具体时间、安排调查人员、确定经费、设计调研问卷等。

(4) 实验性调查。实验性调查是指在一次调查之前，先用小样本来验证调研方案是否可行以及是否存在漏洞。如果有问题的话，则可能要返回到探索性研究，对调查项目及调研方案重新加以修改。

(5) 收集数据资料。实施过程中，要注意资料来源渠道的选择和资料收集方法的选择与调查方案相一致，以确保资料的质量，控制调查的误差。

(6) 整理资料。对收集来的资料要先进行审核，审核的内容主要看资料是否具备及时、准确、完整这三个特征。对审核后的资料进行编码，即把文字资料转化为计算机能识别的数字符号。最后，把资料录入计算机。

(7) 分析资料。根据调研方案的要求，对数据进行处理。在这个过程中，最简单的是先做频数分析，接着根据变量的特点，进行多变量分析或者建立模型进行分析。

(8) 撰写调查报告。根据调查资料和整理结果撰写调研报告，提出问题的解决方案和建设性意见，为制订营销计划提供参考。调研报告具体包括调研目的、调研方法、调研结果及资料分析、对策建议和附录等。

(二) 网络市场调研

随着数字化覆盖金融领域，移动支付、手机银行逐渐兴起，大量用户开始由线下转到线上，人们足不出户就可以办理各种业务。这种方便、快捷的金融方式使得用户开始大量增多，并且渐渐覆盖整个市场。

金融科技的进步，让数字化金融产品抢占了传统银行的市场份额，并且减弱了银行的中介功能，尤其在支付方式、跨界金融方面对银行造成了巨大冲击，但也推动银行不断进行金融创新。例如，招商银行推出了"小企业E家"，围绕中小企业存、贷、汇等基本金融需求，开发了企业网上信用评级、在线授信、创新型结算、在线理财等一系列互联网金融产品；光大银行的"云缴费"平台已上线近500项基础便民缴费服务，覆盖29个省、70多个核心城市，总服务人数达到3亿；阿里巴巴推出的支付宝、余额宝、蚂蚁花呗、蚂蚁借呗等一系列产品，也在促使银行不得不与数字化营销接轨。

网络市场调研是指利用互联网，针对特定营销环境进行调查设计、问卷设计、资料收集、分析和研究的活动。网络市场调研方法又分为直接调研和间接调研。

(1) 直接调研：如网上观察法、专题讨论法、在线问卷法、网上实验法。

(2) 间接调研：利用搜索引擎查找资料、通过访问相关网站收集资料、利用网上数据库获得相关数据资料。

网络市场调研的步骤包括明确调研目的、确定调研对象、制订调研计划、实施调研及收集调研结果、分析信息、提交报告等。

做一做

问卷星是一个专业的在线问卷调查、测评、投票平台，使用问卷星可以在线设计问卷并采集数据、分析调查结果等。试着通过下列步骤，使用问卷星完成一份客户金融产品需求调查问卷。

第一步：设计客户基本信息收集，包括客户性别、年龄、职业、收入水平、家庭状况等。

第二步：设计客户金融基本常识调查，针对比较简单的金融知识设计问题，调查客户对金融常识的了解程度。

第三步：设计客户理财产品情况调查，包括是否有投资理财产品及购买原因、理财产品占收入的比例，进一步可调查是否持有股票债券、购买保险情况等。

第四步：设计客户金融产品信息来源调查，包括了解理财行业的途径、日常是否关注相关内容等。

第五步：设计客户投资风险承受能力调查，设计几种不同的情况，调查客户的选择，例如在极端情况下客户承受损失的极限等。

(三) 市场环境分析

1. 营销环境

营销环境是指与企业营销活动相关的所有外部因素与力量之和。这一定义对于金融企业同样适用。金融营销环境是指金融企业生存和发展所需的、独立于企业之外的、对企业营销绩效起着潜在影响并约束其行为的各种外部因素或力量的总和。

2. 宏观环境

宏观环境是指包括金融企业在内的给各个金融企业带来影响的各种因素和力量的总和，一般由人口、经济、自然、科技、政治和文化6个因素组成。

3. 微观环境

微观环境是指由金融企业本身的市场营销活动所引起的与金融市场紧密相关、直接影响其市场营销能力的各种行为者，是决定金融企业生存和发展的基本环境。其主要包括竞争者环境、客户环境、营销中介等。

金融企业从事营销活动不可避免会遇到竞争者的挑战，对竞争者环境的分析主要从竞争者的数量、竞争者的市场份额、竞争者的营销策略三个方面入手。重视竞争者环境分析，搜集竞争者的信息情报，随时了解和掌握竞争者的经营状况，都直接关系到金融市场营销策略的选择和应用。

金融客户是指进入金融消费领域的最终消费者，也是金融企业营销活动的最终目标客户，具体包括企业客户和个人客户两类。金融客户维护是金融客户关系管理的重要内容，是维系金融客户关系的一系列服务及沟通的活动。其对于提高客户满意度和忠诚度至关重要，对于客户保持和防止客户流失具有重大意义。当前，随着竞争的加剧，优质客户资源日益成为竞争对手之间争夺的焦点。客户作为金融企业一切经营活动的基础，是企业生存发展的关键。

金融营销中介是指协助金融机构进行金融产品推广、销售并将产品卖给最终消费者的机构或个人。例如，在保险企业中，它的营销中介包括保险代理人、保险经纪人、保险公估人、广告代理商、咨询公司、银行等。

拓 展

金融客户维护，是指金融企业为了保持与目标客户的良好关系，通过采取各种措施对目标客户进行全程跟踪服务，实现双方合作共赢基础上的利益最大化，对金融企业具有极其重要的意义。

二、行业数字化营销的理念及发展趋势

(一) 数字化营销的理念

1. 数字化营销的概念

数字化营销是基于数字化业务模式及业态特点进行的整合营销传播与推广，包括传统金融产品与服务的数字化营销以及数字化金融产品与服务的市场营销两个层次的内容。

2. 数字化营销的类型

(1) 基于产品的营销，如应用商店的营销。

(2) 基于场景的营销，如搜索引擎营销、效果广告营销。

(3) 基于内容的营销，如SNS营销、口碑营销、事件营销等。

看一看

(1) 场景需求是指在特定的场景下体现出的需求，与场景息息相关，场景不同，场景需求也会有所不同。微信，可以解决熟人间社交的场景需求——"跟朋友轻松聊天的感觉一样"。陌陌，可以解决陌生人间社交的场景需求——"来到一个陌生的城市，想找当地的朋友聊聊"。

(2) 用户画像。大数据时代，用户画像的概念应运而生，用于抽象出企业核心用户的信息标签全貌。百度指数，从搜索角度勾勒用户画像。阿里指数，从用户消费角度勾勒用户画像。腾讯视频指数，从用户观看影音视频角度勾勒用户画像。移动数据统计公司，从用户主动访问的信息留存角度勾勒用户画像。

(二) 行业数字化营销的发展趋势

1. 网络口碑营销

口碑是人与人之间对某种产品或服务非正式的口头交流。

(1) 网络口碑，是网民通过论坛(BBS)、博客和视频分享等网络渠道，与其他网民共同分享的关于公司、产品或服务的文字及各类多媒体信息。网络口碑的特点有7个。

① 传播主体的匿名性。网络的匿名性使得网民能够以匿名或化名的方式发表自己的意见或想法，因此，消费者能更自由地在网络上分享自身使用产品或服务的正面或负面的想法，而不必担心被发现真实的身份及负担相关的法律及道德上的责任。

② 传播形式的多样性。网络口碑形式和传播渠道具有多样性。网络口碑形式可以是文本、声音、图像与视频，不再局限于口头语言，并且口碑信息可以保存。网络用户可以通过电子邮件、网页、虚拟社区和即时通信工具等多元的传播渠道获取或分享口碑信息。

③ 突破时空的限制。网络口碑传播范围更加广泛。消费者可以不受时间与空间的限制，随时随地地在网络世界里搜寻商品信息或发表自己的意见。这样使网络口碑的传播不再局限于由亲属及朋友等熟人构成的社交圈，使网络口碑传播网络存在更多的弱联结。

④ 网络口碑传播效率极高。互联网允许用户之间以不同的对应关系进行信息的传递活动。用户既可以进行一对一的口碑信息传递，如即时信息等；也可以进行一对多的口碑信息传递，如邮件列表；还可以进行多对多的口碑信息传递，如聊天室、讨论区等。这样一来，网上口碑信息的传递变得更为直接，这使得网络口碑的传递效率大为提高。

⑤ 互动性强。消费者可以通过互联网即时与客服进行沟通，随时解决在使用产品中出现的问题，而这种问题的解决一定程度上也形成了该商品的一种口碑。现在，人们越来越倾向于从能快速响应并解决自己问题的商家那里购买产品。

⑥ 网络口碑具有相对可控性。与传统口碑不同，某些网络的口碑信息是可以人为控制的，例如亚马逊(Amazon)网站的营销人员可以决定是否显示消费者的评论，并且规定了消费者对商品的评论模式，这些都会对网络口碑信息接受者的行为造成一定的影响。

⑦ 传播成本更低。一个企业的产品一旦在网上有了好的口碑，例如"好评率100%"等，会让人很明显地看到并且推荐给他人，而企业只需要控制好自己的产品与售后，即可以降低传播成本。

(2) 网络口碑营销，指把口碑营销与网络营销有机结合起来，旨在应用互联网的信息传播技术与平台，通过消费者以文字等表达方式为载体的口碑信息，为企业营销开辟新的通道，获取新的效益。

网络口碑营销的策略技巧包括：

① 制造好的口碑话题；

② 挖掘消费者的真实需求，找准口碑话题；

③ 口碑路径的广泛测试与重点培养；

④ 争取意见领袖的认可和支持；

⑤ 整合媒体资源；

⑥ 提高互动频率和质量。

(3) 负面口碑，是指消费者给予他人对于某项产品、品牌或服务的负面意见，这种负面意见来源于自身的经验或经由别人所传播的经验。

负面口碑产生的原因有以下几点。

① 发泄负面情绪。消费者通过负面口碑传播来发泄不愉快消费体验带来的气愤、忧虑、沮丧感和挫败感。

② 减少不和谐。消费者在做出重大购买决策后为了减少认知的不和谐而进行负面口碑传播。

③ 利他主义。消费者通过告知其他消费者自己的购买行为的负面效果提醒其他消费者，防止他人经历同样的遭遇。

④ 报复公司。消费者在购买或消费企业的产品和服务后感觉没有得到企业的重视、感

到受到了伤害时,出于报复的动机进行负面口碑传播。

⑤寻求建议。某些消费者为了获得信息和建议以及解决问题进行负面口碑传播。

2. 网络视频营销

网络视频营销是建立在互联网及其技术基础之上,企业或组织机构为了达到营销效果而借助网络视频介质发布企业或组织机构的信息,展示产品内容和组织活动,推广自身品牌、产品和服务的营销活动和方式。

视频营销将"有趣、有用、有效"的"三有"原则与"快速"结合在一起,使越来越多的企业选择将网络视频作为重要的营销工具。具体来说,视频营销具有成本低廉、目标精准、互动与主动、传播速度快、效果可测等特点。

视频营销的发展趋势具体如下。

①品牌视频化。通过视频可以将品牌的特色和内涵以动态的形式展现,更具可观性,从而给顾客留下更加深刻的印象。

②视频网络化。随着互联网和移动网络的普及和在人们生活中应用得更深入,视频的传播和分享依靠互联网和移动网络平台,使视频营销的影响范围非常广泛。

③广告内容化。将广告植入视频,让其成为视频的重要组成元素,让消费者在潜移默化中接收广告信息。

视频营销的表现形式有二次传播、短剧、病毒营销、微电影、UGC(即用户原创内容)等。

3. 移动营销

移动营销是指面向移动终端顾客,通过移动终端直接向目标受众定向和精确地传递个性化即时信息,通过与消费者的互动完成营销目标的行为。移动营销策略具体如下。

(1) 依托当地运营商,精准覆盖目标人群。目前,国内手机号已经全面实施"实名制",因此,手机号与顾客的个人特征进行了绑定,运营商获取了顾客的详细信息和特征,运营商可以通过精准的顾客筛选将信息发送到指定的目标人群。

(2) 与强势无线媒体进行合作,共同组织线上线下活动。仅在线上进行信息传播只能让顾客对产品信息有一定的了解,如果想进一步提升顾客对产品的真实体验,就需要结合线下资源,与顾客进行进一步的互动,因此线上线下协同配合会取得更好的效果。

(3) 与移动广告平台合作进行精准推广。移动广告平台对移动顾客有更加全面细致的研究,同时他们拥有很多触及目标顾客的广告渠道,因此应该充分利用移动广告平台的优势进行精准推广。

4. IM营销

IM营销,也叫作即时通讯营销(Instant Messaging Marketing),是企业通过IM即时通讯工具推广产品和品牌的营销活动,例如QQ、阿里旺旺和京东咚咚。

IM营销具有以下优势。

(1) 互动性强。利用IM的虚拟形象服务秀、IM聊天表情,将品牌不露痕迹地植入其中,这样的隐形广告很少会遭到抗拒,顾客也乐于参与这样的互动,并在好友间广为传播。

(2) 传播范围大。IM有无数庞大的关系网,好友之间有着很强的信任关系,企业的任何有价值的信息,都能在IM开展精准式的广泛传播,产生的口碑影响力远非传统媒体可比。

(3) 营销效率高。针对特定人群定向发送顾客感兴趣的企业信息,引导顾客在日常沟通时主动参与信息的传播,使营销效果达到最佳。

5. 事件营销

事件营销是指企业通过策划、组织和利用具有新闻价值、社会影响以及名人效应的人物或事件,吸引媒体、社会团体和消费者的兴趣与关注,以企业或产品的知名度、美誉度,树立良好品牌形象,并最终促成产品或服务的销售手段和方式。简单地说,事件营销就是通过把握新闻规律,制造具有新闻价值的事件,并通过具体的操作,让该新闻事件得以传播,从而达到广告的效果。

事件营销具有以下特征。

(1) 目的性。事件营销有明确的目的,这一点与广告的目的性是完全一致的。事件营销策划的第一步就是要确定自己的目的,然后明确通过哪些新闻可以让新闻的接受者达到自己的目的。

通常某一领域的新闻只会有特定的媒体感兴趣,并最终进行报道。这个媒体的读者群也是相对固定的。

(2) 风险性。事件营销的风险来自媒体的不可控制性和新闻接受者对新闻的理解程度。虽然企业的知名度高了,但是一旦市民得知事情的真相,很可能会对公司产生一定的负面情绪,从而最终损害到该公司的利益。

(3) 成本低。事件营销一般主要通过软文形式来表现,从而达到传播的目的,所以事件营销相对于平面媒体广告来说成本要低得多。事件营销最重要的特性是利用现有的非常完善的新闻工具来达到传播目的。由于所有的新闻都是免费的,而且在新闻的制作过程中是没有利益倾向的,所以制作新闻不需要花钱。

(4) 多样性。事件营销是国内外十分流行的一种公关传播与推广手段,可以将新闻效应、广告效应、公共关系、形象传播、客户关系集于一体,在此基础上进行营销策划,多样性的事件营销已成为营销传播过程中的一把利器。

(5) 新颖性。事件营销往往借助当下的热点事件来进行营销,把当下最热、最新奇的事情展现给客户。

(6) 求真务实。网络把传播主题与受众之间的信息不平衡彻底打破,所以事件营销不是恶意炒作,应做到实事求是,不弄虚作假,这是对企业网络事件营销最基本的要求。这里既包括事件策划本身要真,还包括由事件衍生的网络传播要"真"。

(7) 以善为本,就是要求在策划事件和进行网络传播时要自觉维护公众利益,勇于承担社会责任。随着市场竞争越来越激烈,企业的营销管理也不断走向成熟,企业在推广品牌时应走出以"私利"为中心的误区,不但要强调与公众的"互利",更要维护社会的"公利"。

6. 直播营销

直播营销是指在现场随着事件的发生、发展进程制作和播出节目的营销方式,该营销活动以直播平台为载体,达到提升企业品牌和提高销量的目的。

直播营销是一种营销形式上的重要创新,也是非常能体现互联网视频特色的板块,具有以下优势。

(1) 从某种意义上说,在当下的语境中直播营销就是一场事件营销。除了本身的广告效应，直播内容的新闻效应往往更明显，引爆性也更强。一个事件或者一个话题，相对而言，可以更轻松地进行传播和引起关注。

(2) 能体现出用户群的精准性。

(3) 能够实现与用户的实时互动。相较传统电视，直播营销能够满足用户更为多元的需求。其不仅仅是单向的观看，还能发弹幕吐槽，喜欢谁就直接献花打赏，甚至还能动用民意的力量改变节目进程。这种互动的真实性和立体性，也只有在直播的时候能够完全得以展现。

(4) 深入沟通，情感共鸣。在这个碎片化的时代，在去中心化的语境下，人们日常生活中的交集越来越少，尤其是情感层面的交流越来越浅。直播，这种带有仪式感的内容播出形式，能让一批具有相同志趣的人聚集在一起，聚焦在共同的爱好上，情绪相互感染。如果品牌能在这种氛围下恰到好处地推波助澜，就能达到很好的营销效果。

7. LBS营销

LBS(location based services)，即基于位置的服务，是企业借助互联网或移动网络在固定用户或移动用户之间，完成定位和服务销售的一种营销方式。

LBS是互联网技术、移动通信和空间数据库等多学科交叉发展的产物，是企业在移动通信运营商提供的网络服务标准(如GSM)下，利用定位技术(如GPS)，获取用户的位置相关信息，并在GIS的支持下，为用户提供增值服务的一种新服务。

LBS营销具有以下特点。

(1) LBS营销是一种精准营销，它具备很好的精确营销条件。在LBS应用中，用户行为、时间与地理信息实现"三位一体"。

(2) LBS营销着重培养用户习惯。LBS营销需要用户主动提供和分享自己的位置信息，也需要用户许可接收企业的营销信息。

(3) LBS营销要保护用户隐私。LBS的广泛应用引发了位置隐私问题。位置隐私问题是指用户的过去、现在的位置信息遭到泄漏。LBS在给用户带来服务便利的同时，会因有可能泄露位置给用户带来诸多威胁。

LBS营销的发展趋势具体如下。

(1) LBS应用和传统服务业深度融合。未来LBS营销的发展趋势是通过打造LBS服务产业集群方式，最终形成完整的O2O应用平台。

(2) LBS和移动支付相结合。随着LBS生活服务市场的不断发展，LBS与移动支付业务越来越密不可分，两者具有业务融合的天然基础。

(3) LBS和大数据相结合。随着移动互联网的高速发展，伴随LBS而生的海量数据，越来越受到各大移动服务运营商的重视。

(4) LBS和新型智能终端相结合。LBS与智能终端的结合，使企业热衷于开发和生产位置服务终端产品。

任务三

数字化营销方案的流程设计

第十五章
消费者数字画像

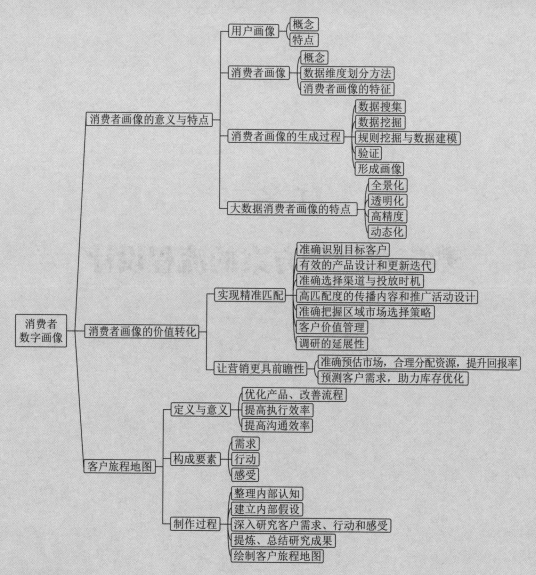

学习目标

1. 了解大数据消费者画像的概念和特点
2. 明晰大数据消费者画像与传统用户画像的区别
3. 学习绘制消费者画像
4. 掌握消费者画像的价值转化
5. 学习绘制客户旅程地图

一、消费者画像的意义与特点

(一) 用户画像

1. 概念

用户画像的概念最早由艾伦·库珀提出,是指从真实的用户行为中提炼出来的一些特征属性,并以此形成用户模型,用以代表不同的用户类型和他们具有的相似态度或行为。这些提炼出来的用户画像是虚拟的用户形象。用户画像所描述的是不同的客户群体之间最显著的差异化特点。

用户画像最核心的功能在于帮助企业明确是什么因素促使不同的用户群体购买本企业的产品和服务,如图15-1所示。

基本信息	行为	需求与目标
• 26 岁 • 创业者 • 与朋友合租 • 喜欢学习新事物 • 对创新技术感兴趣	• 通过上网来搜索答案 • 关注不同问题的专题内容 • 通过搜索意见领袖的建议来帮助自己 • 找到有用的内容	• 通过获得可靠的答案来缩短学习曲线的耗时 • 发现非常有用的内容,以满足好奇心

图15-1 用户画像所包含的基本信息示例

(资料来源:KMG研究)

2. 特点

(1) 借用虚构的用户形象来代表理想的(而非真实的)典型用户。

(2) 基于市场调研与现有用户的真实行为,采用专题工作坊或小组讨论的形式,形成用户画像。

(3) 通常而言,每个产品会形成多个不同的用户画像,每个用户画像描述了不同类型的用户。

(4) 用户画像描绘了客户的动机、目标、习惯和喜好等,比如每一类用户喜欢去哪里购物、时间花在哪里、使用哪种科技手段、喜欢浏览哪些网站等,用户画像描述用户并且试图表述出用户的需求和欲望。

(二) 消费者画像

消费者画像虽然通常与用户画像被视为同一事物,但是随着大数据技术的不断发展,消费者画像实际上演化出了一些与传统用户画像不一样的功效,因此也被称为大数据消费者画像。

1. 概念

消费者画像是指在已知的数据之上,整理出每一个消费者相对完整的档案。每一个抽象出来的用户特征可以用一个相应的标签来代表,因此消费者画像也可以看作表示用户信息的各种标签的集合。大数据消费者画像不再是一个虚构的用户形象，而是所有用户的不同类型的数据所呈现出来的总体特征的集合，如图15-2所示。

2. 数据维度划分方法

描绘消费者画像时所使用的数据维度划分方法，依据各企业的使用目的而有所不同。典型的消费者画像通常会采用以下划分维度，在使用时，这些维度也可能会有重叠的部分。

(1) 人口学特征：年龄、性别、家庭状况、收入、所属行业等。

(2) 生活方式特征：消费特征(如购买力、消费地点偏好、消费状况等)、餐饮习惯特征、教育选择特征、设备使用偏好等。

(3) 线上行为特征：网上行为特征(如网站浏览特征、邮件使用特征、搜索习惯)、App类型偏好和使用习惯特征等。图15-3展示了不同品牌汽车车主使用手机App类型的消费者画像，可供读者参考。

图15-2　大数据消费者画像概念图
资料来源：KMG研究

(4) 线下行为特征：地理位置移动信息(如出行规律、目的地商圈级别、交通偏好等)、休闲行为(如旅行目的地选择、酒店选择偏好)等；

(5) 社交行为特征：社交习惯(线上、线下的社交习惯)、社交人群等。

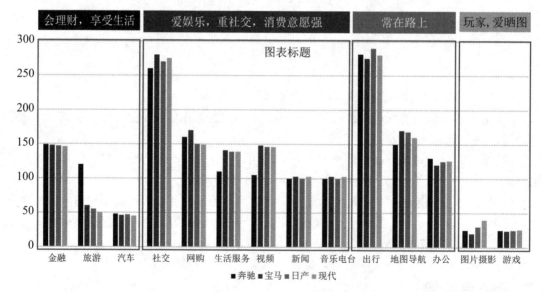

图15-3　示例：不同品牌汽车车主使用手机App类型的消费者画像

资料来源：TalkingData

3. 消费者画像的特征

(1) 消费者画像描绘出的是真实用户抽象后的全貌，而用户画像呈现出的则是虚拟的典型客户形象。

(2) 消费者画像的数据量非常庞大，与传统用户画像相比几乎是全样本的数据量，并且汇总了每个用户的各种数据，是一种全方位的数据集合。

(3) 消费者画像的数据来源方式比传统用户画像更广，包括用户的网络行为数据、商业数据、CRM(即客户关系管理)数据及第三方数据等，甚至涵盖了从前被认为与营销毫不相干的方面。

(4) 消费者画像数据获得的方式不再依赖市场调研，企业不再需要组织小组调研，也不需要直接与客户进行面对面的交流。

(5) 消费者画像不仅描述用户的类型和动机，还能直接展示用户正在干什么，灵活再现客户的生活活动。

(6) 传统用户画像是静态的，大数据消费者画像则是动态的，可以实时搜集用户数据。

整体而言，传统用户画像与大数据消费者画像的比较如表1-1所示。

表15-1 传统用户画像与大数据消费者画像的比较

	传统用户画像	大数据消费者画像
性质	抽象后的用户典型特征描述	真实用户的全貌展现
数据量	依赖随机采样，数据量有限	几乎全样本，且涵盖各方面的数据
数据来源	以采样数据、经营数据和市场调研数据为主，数据来源相对局限	除传统来源外，还包括用户的网络行为数据、第三方数据等，数据来源广泛
采集方式	与用户直接接触，以抽样调研为主	可以不与用户直接接触
重点展示内容	主要描述用户行为动机(为什么)	能展现用户行为本身(是什么)
形态	静态	动态
功用侧重点	设计沟通内容，提升用户体验	确定目标群体，预测营销结果

资料来源：KMG研究

(三) 消费者画像的生成过程

消费者画像的生成过程包括数据搜集、数据挖掘、规则挖掘与数据建模、验证和形成画像5个步骤。

1. 数据搜集

结合本企业的战略需求和业务目标，寻找适当的数据源，如商业数据、CRM数据等，进行数据采集。

2. 数据挖掘

(1) 数据清洗。需要去掉不完整的或重复的信息。

(2) 用户识别。需要确认用户的唯一性，与识别身份相关的数据包括三种类型：人口统计身份识别、设备身份识别、数字身份识别。在现实生活中，一个用户会拥有许多人口统计身份标识，比如身份证号、车牌号、手机号等。一个用户通常也会使用多部设备，也因而会具有多个设备身份标识，比如PC端的IP地址、移动端的Device ID/AdID(安卓系统)和UDID/IDFA(iOS系统)。同时，同一个用户还会在网络上因用途不同而创建不同的账号，比如QQ/微信名、新浪微博ID、论坛ID、电子邮箱账号等。因此，需要辨别出不同身份是否归属于同一用户，将用户的多重身份进行"归户"。

(3) 对有效数据进行分类。通常需要区分静态数据和动态数据。静态数据呈现的是用户的事实性数据，比如"顾客A喜欢喝甲品牌的牛奶"。动态数据呈现的则是用户的行为性数据，比如"顾客A在上午11点浏览了A购物网站，并购买了一箱乙品牌的牛奶"。用户静态数据与动态数据示意图，如图15-4所示。

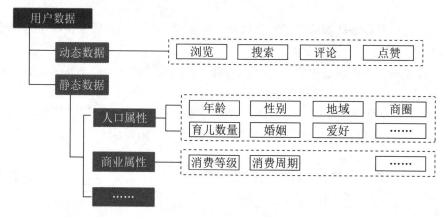

图15-4 用户静态数据与动态数据示意图

(资料来源：KMG研究)

(4) 构建标签及权重体系。标签化是指对人、物、事或场景的显著特征进行分类、提炼和总结的过程，主要是通过技术手段让计算机自动识别和提炼各种对象的特征。权重是指某一因素或指标相对于某一事物的重要程度，这里表示用户发生某种行为或产生某种需求的重要程度。

3. 规则挖掘与数据建模

在规则挖掘和数据建模工作中，可使用聚类和关联规则、逻辑回归等技术方法，进行数据分析，发现数据间存在的相关性；也可以进行数据建模，根据客户的行为特征来建构相应的数据模型。

4. 验证

对所挖掘到的数据规则或构建的数据模型进行验证，以保证它们准确抓住了用户特征。只有经过验证的规则和模型，才能正确预测营销结果。

5. 形成画像

将那些偶然的相关性规律或者不能准确反映现实的数据模型剔除掉以后，用剩下的经过验证的模型组成消费者画像，因而可以为目标客户打上标签，了解他们的行为特征，并应用到营销决策中。

(四) 大数据消费者画像的特点

与传统的消费者洞察相比，大数据消费者画像是全景化的、透明化的、高精度的、动态化的。

1. 全景化

过去进行消费者洞察的主要手段是市场调研，其原理是从数量众多的目标客户中进行抽样调查,从而通过样本来推测整体。采样形式、问题设计、信息筛选以及管理者的经验和判断力都会直接影响结果的偏差程度。

而大数据消费者画像可以面对更多(甚至全部)用户,处理与之相关的海量数据,这种"全样本"分析模式能够更完整地洞察复杂的集体多样性,因而大幅减少统计偏差。

2. 透明化

消费者画像能够采集到的数据维度极其宽泛,不再局限于静态数据或极为简单的动态数据。因此,大数据消费者画像能够根据使用需要,从各个维度呈现出消费者的全貌。

大数据消费者画像意味着在手段合法的前提下,企业可以尽可能多地了解到与客户相关的信息,实现信息透明化。

3. 高精度

大数据消费者画像解决了传统抽样调研中存在的两个与精度相关的问题。

(1) 主观因素对结果精准度的干扰。传统采样调研需要预设问题和环境,在调研过程中不可避免地需要人为地组织和引导,因此,调研对象的调研结果很可能会受到各种主观因素的影响。在大数据消费者画像中,"样本"在未经预设的环境中,不需要面对采访者的提问,因而其行为和反应是真实可信的。

(2) 传统采样调研的观察粒度较粗,不能聚焦到更细微的层面。对于多层次的观察,传统采样调研因受到样本量和数据数量的影响,层次越深,采样调研结果的错误率越高,结果的可信度也随之降低。而大数据消费者画像因其样本量足够"大",每个层次的样本量都是足够多的,所以细节精度也得以保障。

4. 动态化

传统的消费者洞察所获取的数据通常是静态的、相对稳定的数据,只能基于过去已经发生的行为或特征。然而,消费者的行为是会随着时间、情境以及环境的改变而改变的。大数据消费者画像不仅可以采集大量的动态行为数据,而且可以实时采集、分析数据,因此可以观察消费者的动态变化。

二、消费者画像的价值转化

大数据消费者画像是准确完成营销战略的基础,通过对消费者的需求进行洞察和预测,营销者可以制订更精准匹配、更具前瞻性的营销战略规划。

(一) 实现精准匹配

1. 准确识别目标客户

借助大数据消费者画像,企业可以准确识别目标客户。

2. 有效的产品设计和更新迭代

首先,大数据消费者画像包含用户对产品的使用习惯、使用频率、产品评价、潜在需求等重要信息,对这些信息的分析可以帮助企业设计出最符合消费者需求的产品。此外,动态化的消费者画像能够帮助企业及时发现消费者新的需求意向，因此企业能够在适当的时机进行产品迭代。

案例实践

美国连锁酒店Denihan Hospitality通过汇总客户信息、酒店交易数据以及客户在各类评价网站上留下的反馈意见等进行客户分析，再根据分析的结果重新规划"产品"，比如对房间进行重新规划，将商务旅客与家庭旅客的客房进行区别布置(如为家庭客房提供更多的存放空间，并配置迷你厨房)，从而为不同类型的客户匹配最适宜的产品和服务。

3. 准确选择渠道与投放时机

大数据消费者画像所采集的数据中很大一部分是客户的行为数据，这些可以帮助营销者明晰客户在各类信息渠道及购买渠道上的分布情况，从而有助于选择最有效的渠道策略。同时，通过消费者画像也能清楚地了解客户使用或接触渠道的准确时间段分布，有助于营销者选择最有效的投放时机。

4. 高匹配度的传播内容和推广活动设计

渠道是内容获得价值最大化的前提，但恰到好处的内容也非常重要。企业通过消费者画像能够对消费者有一个全面的、真实的了解，因此，能够有效地设计最匹配消费者内心想法的传播内容。

更进一步，基于消费者画像，企业还能实现精准的个性化广告，针对特定的客户提供匹配其需求的定制化推荐。

案例实践

罗兰公司在英国的子公司Roland UK通过消费者画像对核心客户进行洞察，在此基础上，编制了一本沟通指导手册，名为《客户画像圣经》。该书可指导企业撰写传播内容，并逐渐成为该公司传播内容设计、网站设计的主要依据。

5. 准确把握区域市场选择策略

在企业寻求区域扩展的最佳方案时，消费者画像是有关策略制定的重要参考。巨大的样本量和海量的数据可满足多层次、多维度的数据分析需求，而且这些数据足够准确。这有助于企业迅速、准确地分析各区域的市场吸引力，在此基础上确定各区域在企业战略中扮演的战略角色，有针对性地制定进入策略以及区域产品策略。

6. 客户价值管理

消费者画像能够为企业提供更准确的客户价值分级，从而建立综合的客户价值分级体系。这样能够辨识出最具升级潜能的客户和终身价值高的客户，有针对性地设计营销策略，将低价值的客户转化为高价值的客户，并提高高价值客户的比例。

7. 调研的延展性

传统的采样调研需要一案一调，费时费力，而且难辨其准确性。而消费者画像的实时性和多维度的特点能够有效解决这一问题。当在营销过程中发现新的问题或产生新的变化时，企业不需要重新进行市场调研，只需要随时根据消费者画像中相关的实时数据进行再次分析。

(二) 让营销更具前瞻性

1. 准确预估市场，合理分配资源，提升回报率

大数据消费者画像涉及的数据具有大容量、多维度和高精度的特点，使得企业能够比以前更准确地预估目标市场的规模。准确的预测使得企业能够制订合理的资源分配计划，进而提升市场投资回报。

2. 预测客户需求，助力库存优化

大数据消费者画像对客户需求的准确分析与预测能够为优化库存管理提供最有效的参考信息，从而极大地提高库存周转率。

三、客户旅程地图

(一) 定义与意义

客户旅程地图是以图形化的方式直观地再现客户与企业品牌、产品或服务等产生关系的全过程(而非其中某一个节点)，以及该过程中客户的需求、体验和感受，如图15-5所示。

客户旅程地图对企业日常运营具有重要意义，体现在以下几个方面。

1. 优化产品、改善流程

能够帮助企业从客户的角度深入了解那些从企业视角容易忽视的客户需求、感受、体验和方式，从而客观地了解自己的产品或服务在各个阶段的优劣势，以便优化产品、改善服务流程。

2. 提高执行效率

客户旅程地图对真实情境的再现使得企业能够换位思考，认识到客户所遭遇的体验及所经历的过程、感受，因此在执行业务的过程中，能够以更强的同理心对待客户，使客户的心声得到正确的传递和采纳。

3. 提高沟通效率

客户旅程地图能够提供对客户需求与感受的细致描述，为企业优化与客户的外部沟通设计提供了参考。此外，在企业内部沟通中，一张简单的旅程图便能说明相关问题，简洁明了，这有助于提高内部沟通效率(见图15-5)。

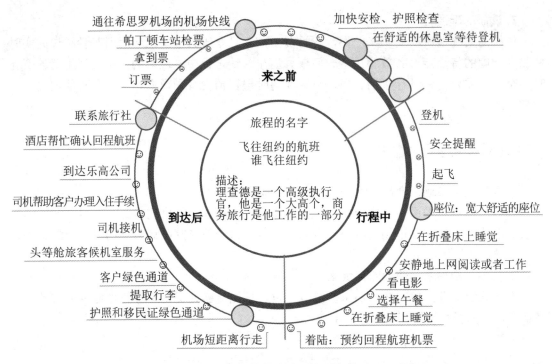

图15-5 客户旅程地图示例(乐高公司)

(二) 构成要素

客户旅程地图由三个基本核心要素组成,如表15-2所示。

1. 需求

需求指客户期望从企业那里获得什么,在每次互动中想要实现哪些目标,为此需要获得哪些帮助,以及期望获得什么样的待遇和感受,是否有自己尚未意识到的需求,等等。

2. 行动

行动指客户为了实现目标而采取的行动和步骤,每个步骤中有哪些具体的互动点和接触点,在这些接触点上是如何与企业互动的,等等。

3. 感受

感受指客户在与企业互动前、互动中和互动后各有怎样的感受,客户是否感到需求被满足了,客户对互动过程是否满意,是否认为这些互动很有价值,等等。

表15-2 客户旅程地图的核心要素

需求	整体需求	客户希望从企业那里获得什么
	分解的需求	在每一次互动中想要实现什么目标
	需求实现条件	客户需要哪些帮助来实现其目标
	期望	客户期望获得什么样的待遇与体验
	隐性需求	客户是否有自己尚未意识到的需求

续表

行动	行动步骤	客户为了实现其目标而必须采取的行动,将整个旅程从客户的角度拆分为一个个的小行动
	互动	每个步骤中客户与企业有哪些互动
	接触点	每个步骤中客户与企业的接触点
	互动方式	客户如何与企业发生互动
	渠道	每个步骤、接触点发生的渠道
	服务	在每个步骤中,客户所得到的服务
	关键人物或部门	在该接触点中由哪个部门提供服务,影响客户体验的关键人物是谁
	关键诱因	触发客户与企业进行互动的要素是什么,促使客户产生某种感受的因素是什么,促使客户走向下一个阶段的动力是什么
	可改进的互动与接触点	哪些地方可以改进以更好地满足客户需求
感受	真实瞬间	旅程中对客户来说最为重要的真实瞬间,如感到愉悦、满意的时刻,以及感觉到受挫、失望、愤怒、沮丧的时刻
	满足与否	在每一阶段、互动或接触点中,客户是否认为他们的需求被满足了,是否感到满意,是否认同这些互动的价值

资料来源：KMG研究

(三) 制作过程

Forrester五步法的框架可用于制作客户旅程地图，包括整理内部认知，建立内部假设，深入研究客户需求、行动和感受，提炼、总结研究成果，以及绘制客户旅程地图5个步骤。

1. 整理内部认知

搜集已有的客户研究资料，并让所有的利益相关者从各自的视角了解客户。将所有这些资料和内部认知集中起来，初步形成对客户的"浅表认知"。

2. 建立内部假设

进一步综合相关各方对客户的内部认知，包括但不限于客户的分类，客户的需求、行动、感受，客户体验中的优势与可改进的地方等，基于这些形成基本假设，然后形成客户旅程地图的草图。在这一步骤，还需找出在已有的客户研究中可能存在的认知差距。

3. 深入研究客户需求、行动和感受

采用多种研究方法，从客户的视角感受整个旅程，以此形成外部认知，从而体会每一个接触点上客户的体验和遇到的问题，并设法将上一步中找出的认知差距，并进行补充。

4. 提炼、总结研究成果

整合内部认知和外部认知，验证第二步中建立的对客户的相关假设是否准确，并最终提炼出客户旅程地图的三大核心要素。

5. 绘制客户旅程地图

将以上的研究成果图形化。具体而言，先按时间轴画出整个客户旅程所包含的各个阶段，标出所有的接触点，然后明确每个接触点上的客户需求以及每个需求是否得到满足，标出真实瞬间中最愉悦的和最糟糕的时刻。如果一张客户旅程地图不足以适用于所有的用户画像类型，那么就多画几张。

思考题

1. 思考与传统的市场调研方式相比，大数据消费者画像有哪些进步和优势。

2. 以生活中的某个实际企业或品牌提供的服务为例，思考客户与企业品牌、产品或服务产生关系的全过程，绘制客户旅程地图，思索客户在每个接触点上的需求、行动和感受。

第十六章
数字化信息传播

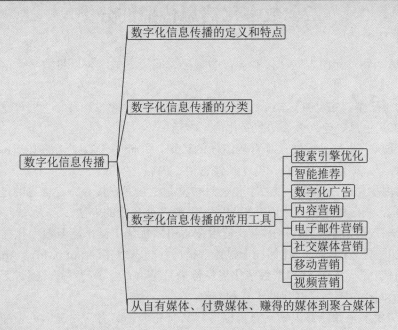

学习目标

1. 了解数字化信息传播的含义
2. 掌握数字化信息传播的分类方式
3. 熟练掌握数字化信息传播的常用工具
4. 懂得聚合各类数字化信息传播渠道

一、数字化信息传播的定义和特点

数字化信息传播指的是接触客户和潜在客户的一系列数字化的工具和方法。

与传统的信息传播工作相比,数字化信息传播具有4个主要特点。

(1) 更快的到达速率。企业通过数字化传播渠道发出信息,数字用户能马上获知。

(2) 受众主导。传统的信息传播采用"传—播"的形式,信息发出者决定通过何种方式传递、向谁传递、传递什么信息;而数字化信息传播采用的形式类似于"播—传",小范围的受众第一时间获知信息,而后按照自己的喜好和方式进行传播,在很短的时间内扩散至全网。

(3) 多向互动。在传统的信息传播中,信息发出者很难了解接收方对信息的看法;而在数字化信息传播中,信息接收方具备发声能力,信息传播活动不再是单向的传播,而是多向的信息互动。

(4) 超文本性。传统的信息传播过程尽管采用了多种信息方式，但所含信息仍然以文本为主。数字化信息传播采用更丰富的信息方式，包括视频、互动型应用、虚拟现实等方式。

二、数字化信息传播的分类

根据信息活动发起的方向和接触客户的直接、间接方式，可以将数字化信息传播划分为4个类型。

(1) 主动推送型。主动推送型数字化信息传播是指由企业主动发起，通过某种方式向目标客户直接推送信息、建立关系的数字化信息传播。

此方法要求企业对目标受众具有较清晰的认知，并能基于数字化的渠道和方法去触及和影响这些客户，如数字化广告、电子邮件营销、内容营销等。

(2) 主动展示型。主动展示型数字化信息传播是指在客户搜寻特定信息的过程中，企业通过优化和完善相应的工具或内容来影响客户的看法或决策的方法。

这类方法在早期的数字营销中主要使用搜索引擎优化工具，随着数字化技术的进步，此类方法增加了更多的形式，比如社交媒体营销、社交本地移动(SoLoMo)、App营销等。

(3) 信任代理型。信任代理型数字化信息传播是指由企业主动发起，通过影响关键意见领袖的方法来间接影响目标客户的工具和方法。

这种方法要求企业能够识别出对目标客户具有充分影响力的关键意见领袖，以提高数字化营销的效率和效果，比如通过网络名人(大V)、网络红人(网红)或客户偶像进行营销的方法。

(4) 资产互换型。资产互换型数字化信息传播是指通过与外部机构合作，将外部机构的用户群导入到企业内部的方法，这是传统营销方法中的交叉销售工具经过数字化升级后的一系列方法。

这种方法要求企业对目标客户有清晰的认识，知道谁才是可以进行客户资产互换的合作伙伴。建立资产互换关系后，企业能通过数字化平台实现联合推广、定向推送和销售引流。

三、数字化信息传播的常用工具

数字化信息传播的方法非常多，这里列举一些比较重要的方法。

(一) 搜索引擎优化

搜索引擎优化(search engine optimization，SEO)是一种通过了解搜索引擎的运作规则来调整网站、优化整合网站内外部资源、提升网站在有关搜索引擎内的自然排名的方式。目的是吸引更多的用户访问网站，提高网站访问量，提高网站的销售能力和宣传能力，从而提升网站的品牌效应。搜索引擎优化需要考虑到5个层次的内容优化，如图16-1所示。

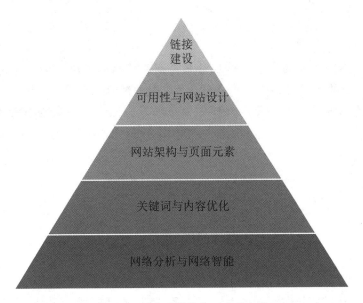

图16-1　搜索引擎优化需求金字塔

资料来源：Bruceclay，Inc.

搜索引擎优化具有以下几点发展趋势。

(1) 互动式搜索。未来的搜索将越发强调定制化，用户可以参与并干预搜索结果。

(2) 移动式搜索。更关注基于移动设备的搜索引擎优化。

(3) 基于地理位置信息的搜索。基于地理位置来搜索商品、人物、社交以及一切事物，完成O2O(英文为online to online，即线上到线下)的整合。

(4) 个性化搜索。通过机器学习的方式整合采集到的数据，给不同用户打上不同的标签，因此搜索出的结果都具有个性化的差异。

(5) 社群搜索。帮助企业在小众营销的时候迅速捕捉特定社群，进行有效连接乃至交易。

(二) 智能推荐

企业可根据客户的兴趣特点和购买行为进行智能化的推荐。智能推荐的流程包括4个步骤。

(1) 形成客户数据库。其包括以下两种方式。①聚类分析，即合理规划数据库数据分类，标记客户所在类别，根据用户的使用数据进行智能推荐；②分类分析，即根据用户行为记录等，对用户进行划分，对同一群体的用户推荐其余用户喜欢的商品或服务。

(2) 获取客户历史行为。其主要获取以下信息。①用户信息，即用户描述性数据、用户注册记录、Cookie等；②用户行为访问记录，即用户的使用数据。

(3) 设置推荐算法或模型。根据不同的需求和应用，构建不同的"定制推荐模型"。

(4) 精准推荐结果。利用建立的推荐模型来进行精准的客户推荐。

查一查

Netflix是世界上最大的在线影片租赁服务商,其核心的服务方式就是做精准的客户推荐。其推荐算法的不断完善归功于公司自己发起的Netflix大奖赛。该赛事是一个旨在解决电影评分预测问题的机器学习和数据挖掘的比赛,对于那些能够将Netflix的推荐系统Cinematch的准确率提升10%的个人或团队,Netflix将会提供100万美元的奖励。

(三) 数字化广告

数字化广告是以数字化媒体为载体的广告。与传统广告相比,数字化广告具有以下特点。

(1) 复杂性。数字化广告拥有超过30万种形式,比传统广告复杂无数倍。

(2) 全程性。传统广告主要把精力放在前期规划和购买阶段,数字广告投放则要求全程关注广告实施情况和动态反馈。

(3) 低成本。传统广告的成本非常高,有价格门槛。数字广告则相对低廉,几乎没有投放壁垒。

(4) 虚假信息。因为数字化广告具有成本低、门槛低、审核不严格等特点,所以其虚假信息远多于传统广告。

在传统的广告时代,广告主(企业)购买广告需要基于充分分析、严谨对比的科学评比过程,最终选择适合的广告位进行购买和投放。而在数字化广告购买时代,广告主需要通过需求方平台(demand side platform,DSP)的帮助,在广告交易平台上向目标广告位出价,并最终触及目标客户,如图16-2所示。

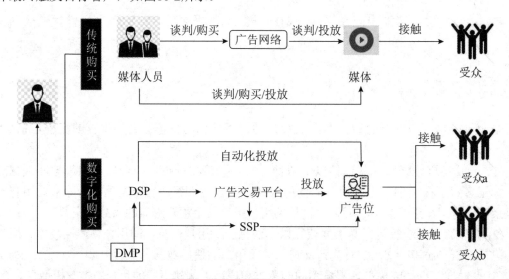

图16-2 从传统网络广告到数字化购买

资料来源:美国市场营销协会

DSP是针对广告主设计的在线广告投放管理平台。它能整合广告投放的网站、页面以及受众人群属性等数据，基于这些数据，广告主可以通过实时竞价的方式来购买在线广告机会，将广告曝光于需要接触的目标受众面前。DSP的运行需要强大的数据管理平台(data-management platform，DMP)的支持。DMP将各种互联网数据整合后纳入到统一的数据库中，进行标准化分析，以使广告主能够通过DSP找到最终的目标客户。

读一读

实时竞价(real time bidding，简称为RTB)是指一种利用第三方技术在数以万计的网站上对每位用户进行行为评估，并即时通过广告交易平台给广告主发送当前能够接触该客户的广告位，然后由需要接触该客户的广告主进行实时竞拍的数字化广告购买方式。

(四) 内容营销

内容营销是指明确目标客户，有针对性地创造和发布与目标客户相关的有价值的内容来吸引和获得这些客户，促使其产生购买行为。

好的内容营销可以具有以下要点。

(1) 内容主线基于品牌价值，占领并不断强化用户心智定位。内容不能是随机的和盲从的，而需要扎根于本企业或本品牌最核心的价值主线，强化品牌在目标受众心中的定位。

(2) 圈层意识。这类内容代表一种圈层的标识，通常具备较高的专业度或领域壁垒，能够体现较强的排他性，从而能提醒某个社群受众的个人圈层识别，促进他们的阅读和分享意愿，实现在社群内部的深度扩散。

(3) 内容可视化。相比于纯文字的内容而言，可视化的内容对用户更为友好，也能更有效地帮助企业脱颖而出。

(五) 电子邮件营销

电子邮件营销指通过电子邮件向潜在或现有的客户群体发送业务、广告推广和活动信息等。

4个数字触点可用于实现成功的邮件营销。

(1) 营销邮件：通过对电子邮件使用者发邮件来建立联系。

(2) 品牌网站：客户访问公司网站主要是希望了解产品细节和获得服务支持。

(3) 社会化媒体：建立社会化媒体社区，通过内容、娱乐、竞赛或服务吸引有需求的客户参与。

(4) 移动设备：组建各种可用连接，融合上述三个数字触点，并增加基于地理位置的连接和即时沟通功效。

电子邮件营销包括三个主要过程。

(1) 创造价值。电子邮件应该是与客户相关的、及时的并且有价值的。"价值"可以体现为电子期刊、事件提醒、免费样品或演示、会员资格、优惠券等形式。

(2) 测试电子邮件营销过程以保证通畅性。建立邮件营销过程测试组，为每个测试组建立统一的追踪体系来跟踪每一个测试的回应率，不断通过测试来改善邮件内容。

(3) 专注用户参与。通过经常接触用户，理解用户的核心需求和对电子邮件特征的偏好，控制最优的变量集合(如发送频率、邮件长度、内容等)，并注意移动平台和全渠道转变。

(六) 社交媒体营销

社交媒体是人们用来创作、分享、交流内容、意见和经验的虚拟社区及网络平台。

社交媒体平台可以分为三个层级，第一层级是以论坛、博客等为代表的"信息"平台，第二层级是以微博、推特等为代表的"关系链"平台，第三层级是以微信、垂直社交等为代表的"深度互动"平台。

针对不同的层级，企业可以采用不同的营销策略。比如，针对第一层级的社交媒体平台，主要需要关注信息源的数字化信息发布；针对第二层级，如微博，需要利用其开放式的特质，利用粉丝参与和转发扩散等方式进行数字化信息传播；针对第三层级，如微信，则需要利用其"强关系"的特征，利用互动式公众号、朋友圈营销等方式，进行深度的信息传播。

(七) 移动营销

移动营销是在成熟的云端服务基础上，通过移动终端获取消费者信息，再通过移动终端向目标受众定向传递即时信息，通过精准的个性化信息实现与消费者的互动，最终实现营销目标。

目前，移动营销主要应用于广告精准推送和购物引流。未来新技术发展可以实现更多跨界合作的移动营销，比如，利用移动端的便捷，虚拟现实技术可以基于场景和地理位置进行更为精准和个性化的信息传播。

(八) 视频营销

视频营销是指企业以互联网为载体，将各种形式和不同长度的视频进行有计划的、有目标的传播扩散的营销活动。

根据是否依托于视频服务平台本身，数字视频营销可以分为In-stream video和Out-stream video。In-stream video是视频平台本身的贴片视频，在电视视频、网络视频、直播视频的播放前、播放暂停或播放后插播的图片、视频、flash等。Out-stream video是不依附于视频媒体平台出现的贴片视频，通常时间较短，常见于社交媒体、新闻资讯类媒体、户外广告媒体等。

从移动视频的载体来区分，视频营销可以分为电视视频、户外视频、移动视频、PC视频、跨/多屏视频以及VR视频等。

从内容来区分，视频营销可以分为6个类型：演示，展示产品或服务能够解决哪些问题；培训，展示产品的细节应用方法；客户体验，可由现有顾客现身说法；领导力，显示自己是某领域的专家，以赢得尊重和信任；制造悬念，挑起观看兴趣；讲述品牌故事，故事可以是关于员工的，也可以是关于消费者的。

案例实践

多芬通过调研发现，全球有一半的女性不满意自己的样貌，于是制作了一部时长6分钟的短片，短片中讲述：多芬请来了FBI人像素描专家，专家与女性志愿者被分隔在帘子两边，无法看到彼此。然后，由女性志愿者对自己的样貌进行描述，专家则根据描述画出她的样貌。之后，再由见过该女子样貌的人对其样貌进行描述，专家在这一描述之上再画一张画像。最后，当将两张素描画像摆放在一起时，组织者发现，该女子在别人眼中比在自己眼中要美得多。这个短片触动了很多消费者，让他们重新认识自己，在推出后的第一个月，该短片就获得了380万次转发。

四、从自有媒体、付费媒体、赚得媒体到聚合媒体

以上是对几种重要的数字化广告常用工具和渠道的介绍，我们可以通过另一种方式对这些渠道进行分类：自有媒体、付费媒体和赚得媒体，如表16-1所示。

表16-1 三种类型的媒体

媒体	定义	角色	优点	挑战	例子
自有媒体	由品牌所控制的渠道	与潜在及现有客户和赚得媒体建立长期关系	• 可控 • 成本低 • 长期性 • 用途多样 • 特定受众	• 不能保证效果 • 公司传播常常不被信任 • 需要长期投入	• 企业网站 • 企业移动网站 • 企业博客 • 企业微博
付费媒体	通过付费所使用的渠道	为自有媒体提供引流，并催生赚得媒体	• 基于需求 • 即时性 • 规模大 • 可控	• 杂乱的客户体验 • 客户响应率不断降低 • 可信度降低	• 电视广告 • 赞助 • 付费推广
赚得媒体	有影响力的用户本身成为渠道	承担倾听与反馈的角色；该类型的媒体通常是自有媒体与付费媒体发展并协同的结果	• 可信度最高 • 促进销售的关键因素 • 透明化且可维持	• 不可控 • 可能有负面信息 • 规模不可测 • 难以衡量	• 用户口碑 • BuzzFeed • 病毒式传播

资料来源：Forrester Research

在数字时代，我们不能孤立地使用这些媒体，营销者需要对它们进行聚合，使其聚合效益大于各部分的单纯加总，如图16-3所示。

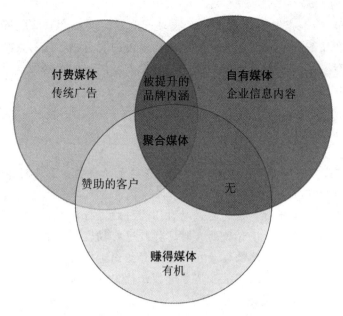

图16-3 三种类型媒体的聚合

思考题

1. 选择三项常用的数字化信息传播工具，阐述其含义和使用方法，并举出实际生活中企业如何应用这些工具的例子。

2. 查询SoLoMo的概念(Social、Local、Mobile)，思考在数字化信息传播中，企业可以如何应用SoLoMo商业模式。

第十七章
建立数字化关系

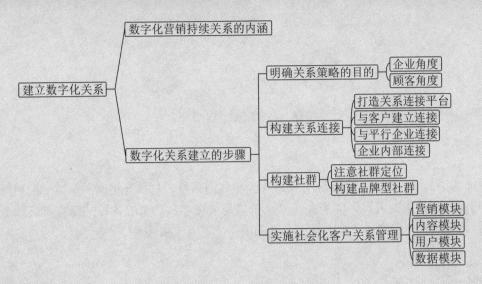

学习目标

1. 了解数字化营销持续关系的内涵
2. 掌握建立数字化营销关系的步骤
3. 掌握构建品牌社群的方法
4. 掌握社会化客户关系的原理

一、数字化营销持续关系的内涵

数字化营销持续关系是指数字信息到达后,企业采取各种方式围绕目标客户创造、建立和保持的持续性互动状态。这种持续关系使得营销从信息的传播走向战略性的深度经营。

持续性的互动是建立客户关系的标准。与客户的交易达成并不意味着真正建立了客户关系。缺乏与客户持续、充分互动基础的交易将无法经受竞争对手低价竞争策略的攻击。

从客户视角而言,持续的互动关系意味着客户在经济利益、情感价值和社会性价值等层面持续获得全面满足,并且自身积极参与到这一过程。

从企业视角而言,持续的互动关系意味着原本封闭化的内部活动演变为企业与客户的共同协作。因此,客户互动也从过去的"销售技巧"拓展到其他的企业内部价值活动。

在数字时代,以客户为核心的关系网络是人、信息和提交物的动态结合,三个部分互为基础、相互促进,如图17-1所示。

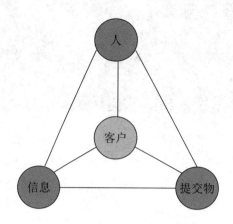

图17-1 数字营销关系铁三角

资料来源：KMG研究

(1) 客户与人之间的关系，既可以是作为个体的消费者与具有相同利益需要或相近价值观、相似精神追求的人群之间的关系，也可以是围绕客户需求的各种外部专家资源之间的关系，还可以是消费者与"拟人化"企业的关系。

案例实践

ABB公司在其官方微博上就是以"阿伯伯"的身份和口吻与粉丝互动的，这使得这家以工业自动化为主业的企业多了一份亲切感，让普通消费者更加愿意接近它。

(2) 客户与信息之间的关系，包括为客户提供信息的内容和方式。在数字时代，企业不仅为客户提供有关自身产品的各种信息，还需要为客户提供与其生活或工作相关的专业知识及各种信息。

查一查

凯文·凯利在《新经济新规则》一书中提到互联网经济有三个核心特点：全球化；注重无形的事物，如观点、信息、关系等；紧密的互相连接。未来互联网模式下的新经济会遵循移位法则(law of displacement)，即把注意力转向获取信息。新经济以信息为基础，产品中所包含的信息越多，其价值就越高。

(3) 客户与提交物之间的关系，即客户与企业提供的产品或服务之间的关系。传统的客户行为是一条直线，客户与产品之间的关系仅包含购买、使用和消耗的过程，而在数字时代，客户轨迹会拉长，甚至弯曲。产品的使用可以作为一个入口，在此基础上储存各种应用数据，为客户创造各种社交场景。而一些传统的产品也开始添加数据储存功能和社交功能，在产品交易的基础上也丰富了社交价值，建立了品牌与客户的持续关系。

> **案例实践**

耐克公司开发了一系列健康追踪应用程序与可穿戴设备,包括Nike+Running、Nike+iPod、Nike+Training、Nike+Move、Nike+Basketball等手机应用程序和Nike+Sportwatch、Nike+Sportband、Nike+Fuelband等可穿戴设备,客户在使用耐克产品的同时还可以把他们运动的结果数据在社交媒体上与朋友分享。

二、数字化关系建立的步骤

客户关系的建立以满足客户需求为核心,辅以各种经营手段,包括客户需求研究、产品研发、产品实现、产品交付和售后服务等各项关键的企业内部业务活动。

而在数字化时代,客户不再在孤立的状态下完成整个购买过程,他们在购买过程中时刻处于"关系"的状态中,这意味着企业、客户以及其他的利益相关者之间的各种互动几乎全时、全地与全域地连接起来,企业与客户的关系也需要扩展和深化。因此,企业需要从连接目标、连接策略和连接点三个方面来系统规划关系策略。

数字化关系建立可以分为以下几个步骤。

(一) 明确关系策略的目的

规划关系策略的目的是服从企业的整体数字营销战略,需要明确"关系"在企业营销战略中的作用。企业在设定关系策略的定位时,需要根据自身的公司特点、行业属性以及竞争需要,规划务实的、适合自身状况的定位。

1. 企业角度

从企业角度而言,关系策略的目的应当包含以下4个方面。

(1) 品牌职能。品牌职能指关系活动是否以公司或产品品牌为主要运作平台。核心点在于通过影响和塑造品牌受众的认知和感知,获得品牌受众在行为层面的支持。品牌职能在实践中包含以下典型目标:

① 提高品牌在业务区域内的知名度、认知度以及好感度,为企业或品牌赢得良好的社会氛围,并获得合作伙伴的支持;

② 提升品牌在潜在客户群体中的知名度与认知度,通过认知和偏好的影响,提高与潜在客户的交易转化率;

③ 提高品牌在已有客户认知中的活跃度,维持和巩固现有客户的忠诚度,激发和维持已有客户的未来购买需求;

④ 提高本企业在行业人才网络中的知名度与美誉度,为企业持续的人才需求建立良好的"雇主声誉"。

(2) 产品职能。产品职能指企业是否通过关系活动来实现产品研发层面的目标,比如挖掘产品概念、设计产品原型等原本在企业内部完成的工作。

以产品职能为目标的关系连接可以更好地为客户提供经济价值，使其获得参与感和自我实现。

不同产品，其复杂程度不同，对相关的其他参与方也有着不同的门槛要求。因此，如何以产品作为切入点建立好的关系，成为数字时代企业进行市场竞争的一个重要挑战。

案例实践

小米科技在MIUI系统发布第一个内测版本时，首批用户仅有100人，他们成为小米最珍贵的种子用户，被称为"100个梦想的赞助商"。一年后，这100人的队伍壮大到50万用户的规模，成为小米后来称之为"发烧友"粉丝用户群的基础，也成为小米手机上市后最主要的购买者。

(3) 服务职能。服务职能指企业是否通过关系活动来实施与服务提供及改进相关的目标。在关系的建立和互动中，相关服务及增值服务既可以由企业牵头实施，也可以由顾客自发或借助专家资源来实现。

移动互联网大大便利了群体协作，使关系活动的服务职能目标得以更好地实现，同时也便利了顾客在关系活动中获得重要价值。

案例实践

Cognos是世界上最大的业务智能软件制造商，其主要业务是帮助用户提取公司数据、分析数据并得出相应的报告。为了帮助客户解决在使用过程中遇到的问题，Cognos建立了"Cognos商业智能社区"，由企业自身的技术人员或者资深用户来帮助解答客户提出的问题。

(4) 交易职能。在关系互动中，实现顾客的购买(即促成企业与客户之间的交易)是实现持续关系发展的必备经济基础，也是企业永续发展的基本要求。在数字时代，交易职能既可以通过O2O的形式实现，也可以完全通过电子商务等在线方式实现。交易职能的发挥需要以上述三个职能充分发挥作为基础。

2. 顾客角度

从顾客角度而言，建立、参与和维护关系的目的包含了对以下4种价值的广泛需求。目标顾客对于不同价值的需求偏好，以及企业自身产品和服务的特性，决定了企业更适合于满足哪个或哪些价值需求。

(1) 经济价值。企业应当为顾客创造出令其满意的经济价值。与竞争对手相比，本企业的经济价值可以体现为便利性更强的产品、使用体验和性价比更高的产品、更加周到的服务，以减少客户在产品或服务使用时的维护成本、时间成本、风险成本以及整体使用成本。在市场竞争中，经济价值属于"保健"属性，是对企业最基本的要求。

(2) 信息价值。信息价值对客户参与到不同的关系中具有很重要的意义，包括客户与企业的关系，也包括与更广阔的社交网络的关系。信息价值体现在消费者能够从所处的关系圈中持续获取贴合自身需求的权威专业信息，以及持续浏览满足兴趣点的时效性信息。

此外，数字时代的"信息过载"特性决定了消费者的注意力是稀缺资源，他们只关注那些自己感兴趣的信息，因此，关系网中的信息应当是基于消费者需求的。企业可以将此作为自身产品的价值定位，以定制化的信息价值与顾客建立"无杂音"的关系。

案例实践

今日头条是一款基于数据挖掘的推荐时事新闻的产品，其品牌定位是"你关心的，才是头条"。今日头条针对用户的个性特点有针对性地推荐对用户有价值的、个性化的、相关的信息，而不像传统的新闻媒体无差别地将所有信息推送到所有客户面前。

(3) 社交价值。社交价值体现在消费者希望寻找同类，获得社群成员的支持、赞许和互助，建立起从身份、兴趣到精神层面的归属感和认同感。

社交价值是关系建立和维护过程中的重要黏合剂，也是建立更深层关系的基础。

(4) 社会价值。移动互联网的发展在技术上为大规模协助提供了支持，也创造了人与人之间建立直接连接的新范式——"自组织"形式。在明确的目标和相似的价值观的指引下，人与人的直接连接构成了社群，社群能够整合各种资源来实现具有更大社会影响力的目标。

在创建关系的社会价值时，企业需要关注以下两点。

第一，思大虑小。"思大"即宏观思维，需要企业跳出单纯的商业视野，从更宏观的角度(如社会道德、社会价值创造的角度)规划企业和品牌的社会价值。"虑小"即洞察人性，需要企业认识到客户是有着个性化需求的独特个体，因此要从独立个体的角度去思考客户的需求，注重细节，体现平等、尊重和人文关怀。

第二，注重企业业务、产品和社会价值实现的协同。以企业为主的社会价值活动(包括企业开展的社会责任活动、慈善赞助活动等)需要与企业自身的业务能力、产品和服务紧密结合，才能够使企业与创造的社会价值之间建立明确的关联。

在完成对内部目标和外部目标的全面审视后，企业需要对上述内容进行完备的记录和全面的考量，然后在众多目标之中做出取舍，确定长期目标和中短期目标，并确定各个目标的优先级顺序。明确了关系策略的目标后，第二步是构建关系连接策略。

(二) 构建关系连接

企业构建关系连接可以分为4个主要步骤，各步骤间不一定需要按照先后次序来实施，企业可以从任何一个步骤出发，再在其他几个维度分别展开。

1. 打造关系连接平台

企业需要思考自己是否有能力创造一个关系连接平台，通过这个平台，实现与消费者及本企业所在领域价值链中的其他相关利益者之间的连接。内容应用平台(如苹果公司的App Store)和App、强关系的社交媒体(如微信)等都属于类似的连接平台。

> **案例实践**

自3G时代开始，苹果公司就意识到，不仅要有硬件设备，还必须要有丰富的内容应用。但是苹果不擅长于内容应用开发，因此建立了内容平台App Store。在这个平台上，以iPhone手机为核心，聚集了手机应用开发厂商、游戏商、视频音乐服务提供商、电子支付等智能手机内容价值链的所有参与者，形成了一个完整的内容提供、终端应用、互联通道和收费支付的应用生态体系。

2. 与客户建立连接

企业需要通过信息、产品及服务与客户建立全面的关系连接。从营销学的角度来看，产品包括5个层次：核心产品、基本产品、期望产品、附加产品和潜在产品。信息即内容，这是客户与企业建立连接的一个重要原因和利益内涵。信息与产品密切相关，是企业和客户互相提供的无形价值，也可以将其看作另一种产品。

> **案例实践**

哈佛医学院曾做过一项统计，只有47%的患者会按照医嘱按时服药，这种状况不仅耽误了病人的康复，也增加了社会的成本。Vitality公司基于"连接思维"开发了一种药瓶，开关该药瓶时，它会自动向厂家和医院发出通知。通过药瓶传递的数据，医院或家庭成员可以有效督促病人按时服药，帮助病人更快地康复，还可以减少监督病人所需付出的成本。

3. 与平行企业连接

不只是企业与消费者可以紧密地连接，企业与企业之间也可以形成无界的合作，尤其是那些客户资源相类似而行业却不同的企业，他们可以实现无缝的跨界合作。

> **案例实践**

余额宝是阿里巴巴于2013年推出的产品，利用支付宝庞大的用户关系网，在推出短短5个月的时间里，对接余额宝的天弘增利宝货币基金规模超过1000亿元，成为国内第一支规模突破千亿的基金。

4. 企业内部连接

连接既可以在外部发生，也可以在企业内部发生。一方面可以通过组织架构和文化氛围的调整实现新的内部连接方式；另一方面可以通过IT互联等技术手段，激活企业原有的设备资产连接。

案例实践

在中国香港国际机场，餐饮手推车上安装了无线发射器，使它们能够快速自动地通过卸装与换料中心，将正确的食物装配到对应的车子上，再送回对应的班机。在日本，自动售货机可以通过无线技术即时报告库存情况，免除售货机库存充足时补货卡车重跑一次的成本和风险。

(三) 构建社群

在构建关系连接之后，企业需要对关系网中所连接的各个对象以及连接方式进行整体的协同规划。整体来看，企业与顾客或与其他利益相关者之间的关系，是由关系网络中各个连接点以及彼此之间的互动关系共同构成的。关系网络的核心是企业的目标客户，围绕客户、企业需要构建的关系网络由品牌社群、信息和市场供给物组成。

市场供给物包括以企业为主导完成的产品、服务以及二者的组合。从企业视角来说，市场供给物是关系网络的基础；以市场供给物为基础形成的社群是品牌社群；而信息是市场供给物的重要组成部分，也是形成品牌社群的重要原因，会随着关系网络的发展而不断丰富和扩散。

关系网络的建立以企业的市场供给物为基础，市场供给物对客户价值需求的满足程度触发了客户关于各类产品和信息的需求。以此为基础，客户会提出对产品所代表的社交性价值和社会性价值的需求，这就需要企业持续重视品牌社群构建和内容营销工作。

在构建社群时，企业需要注意以下两个要点。

1. 注意社群定位

社群不等于社区，社群中人与人之间的交叉结点、网络联结都明显高于社区。社群主要可以分为产品型社群、兴趣型社群、社交型社群、任务型社群等4类。

品牌社群是上述4种社群的集合，而并非单纯的社交型社群。品牌社群需要始终关注企业的经营目的，而社交型社群只关注社群自身的关系强度和社群规模等。

在品牌社群中，信息不能是简单的传播类信息，还要具有真实的客户价值。消费者搜索信息是希望满足工作、生活等方面的个人需求。因此，企业需要为客户提供能够帮助解决其自身问题的专业信息，不仅如此，企业还需要考虑将信息与自身能力及产品进行结合。此外，由于信息的互动特性，客户既是信息的使用者，也会在分享需求和自我实现需求的驱动下，成为信息的分享者与创造者。因此，企业需要明白，客户生产信息的过程本身也可以成为强化品牌社群的重要手段。

2. 构建品牌型社群

品牌社群是一个对企业或品牌功能、价值及价值观具有强烈共鸣的社交群体。这个群体热衷于通过个人或者群体的协作，提高企业运作水平和提升个人价值。它是各种传统的客户组织在数字时代和移动互联网平台上新的发展形式。

建立品牌社群有以下几个关键步骤。

第一，企业内部做好建立品牌社群的准备

在这一步骤中，企业需要进行三个方面的客户关系基础审计。

(1) 企业现有的客户组织形式。这包括客户的参与度和客户资格的排他性。依据这两个维度可以形成9种不同客户关系状况的品牌社群类型，如图17-2所示。企业可以根据自身的竞争需要，组建不同功能定位的品牌社群。

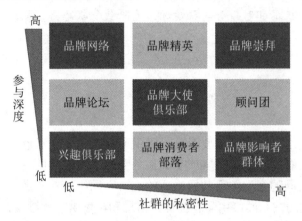

图17-2　品牌社群的9种类型

资料来源：Sean Moffitt at Buzz Canuck

(2) 现有客户关系活动的实施效果。企业需要根据客户关系的目的，设定对客户关系活动实施效果的考核指标，如社群的销售贡献能力(比如客户转化率、现有客户活跃度、客户钱包份额等)等传统指标，社群的信息扩散能力(比如信息转发量、浏览量、关键词搜索量等)、线上线下活动关联情况(比如流量转化率、平均客单价等)等基于移动和互联网平台客户关系的新兴指标。

(3) 客户关系互动的预算和人才准备。品牌社群的建立需要相对应的组织和资源的支持。尤其是在数字时代，它需要增加网络技术专家、数据分析专家以及信息编撰专家、传媒管理专家等，并整合企业已有的产品、技术专家和其他服务人员等。

第二，规划品牌社群的核心问题

(1) 客户与企业的关系互动类型分析。其包括但不限于B2B与B2C企业的差异，产品使用频率与价值的组合分析，线上与线下的互动在企业业务规划中的功能定位分析，企业在产品和服务的后续使用中的参与程度分析等。

(2) 品牌社群与公司定位或品牌定位之间的协同。品牌定位是企业通过策划和营销将自己产品推向市场后，对其产品在消费者眼中的特性、品质和声誉等进行明确界定并与其他企业产品进行区分。数字时代品牌定位已经不能仅仅通过公司广告的方式植入人心，需要通过品牌社群在消费者心目中建立更为深刻的印象。

第三，聚拢品牌社群成员

品牌社群成员的来源大致可分为线上平台的关注者和从线下导入的关注者。

(1) 线上成员聚拢方式：雇员、数据库(顾客、股东、供应商)、搜索引擎优化、社交网络、在线广告、弹窗广告等。

(2) 线下成员聚拢方式：展会、传统广告展示、公关广告活动、零售曝光、线下推荐等。

第四，品牌社群的活动开展与激励

企业需要识别出社群成员的各类需求，组织能够更好地满足这些需求的社群活动。以下4种吸引力能够帮助企业建立品牌社群，并开展有价值的品牌社群活动。

(1) 品牌吸引力：企业有机会在品牌的号召下建立初步的社群。如果社群无法为成员提供满足需求的价值，成员会在后续活动中逐渐退出。因此，品牌吸引力提供的是一对多的、初步的、以品牌为核心的社群关系。

(2) 关系吸引力：社群成员会受到其他成员的吸引，因而在自己原有的社交关系之外衍生出新的社交关系。关系吸引力在以品牌为核心的初步社群关系中又建立了点对点的关联，多个点对点的关系共同形成网状社群关系。

(3) 小团体吸引力：出于地域、性别、职业等标签因素，社群中的部分人可能形成大社群下的小团体。小团体有助于按照一定的身份标签促成更高的社群吸引力，但是小团体也可能形成自我意识，或对团体以外的成员产生排斥力，因而需要品牌社群仔细衡量利弊并加以控制。

(4) 偶像吸引力：社群中的个别成员可能拥有较强的个人魅力，从而能够吸引其他成员。企业可以支持甚至主动树立偶像来增强社群吸引力，但偶像成员的自我意识有可能会与品牌背道而驰，因此企业需要仔细衡量并加以控制。

此外，适当的奖励对品牌社群也非常重要，不仅能够激励成员参与活动的积极性，提升对社群和品牌的忠诚度，还有助于鼓励成员更多地参与产品和服务的开发和改进过程。

5. 关系的连接点管理

企业需要结合特定数字化平台的特点和企业的目的进行关系管理，针对不同平台聚集的不同社群，实施不同的关系管理策略。在连接点管理中，企业需要关注以下要点：

(1) 覆盖各类数字化连接点；

(2) 不仅将数字化连接点视为信息传播渠道，还应当使各种关系连接发挥更多的营销功能；

(3) 协同管理传统连接点与数字化连接点之间的功能。

(四) 实施社会化客户关系管理

社会化客户关系管理的构建是建立数字化持续关系的重要环节。社会化客户关系管理是指基于社交网络平台进行的客户关系管理。

与传统的客户关系管理相比，社会化客户关系管理具有以下新的特性：

(1) 可以实现客户的一对一营销；

(2) 数据构成更广，从私有数据到公共数据(社交数据)；

(3) 客户行为更加数字化和透明化；

(4) 拥有完整的客户生命周期；

(5) 可以基于社交平台实现更便利的客户接入。

总而言之，在数字时代背景下，社会化客户关系管理使得客户关系管理在更大的维度上实现了更完美的效果,同时帮助企业的社交媒体战略找到了更直接的目标,即基于品牌忠诚的持续客户关系与交易。

通常而言,企业社会化客户关系管理体系主要包括4个功能模块。

1. 营销模块

(1) 数字营销材料,可以基于社交平台的特性提供数字营销材料,而非通过在社交平台上吸引客户跳转至传统渠道后再提供营销材料的低效方式。

(2) 营销活动管理,利用社交媒体平台配合开展营销活动。在活动开始前,社交媒体平台可以帮助增加潜在的活动参与人数;而在活动中和活动后,社交平台可以帮助扩大活动的覆盖范围。

案例实践

有时,线下的活动内容并非活动的主要目的,真正的目标是完成社交平台的广泛传播。比如,杜蕾斯召集了50对情侣试用新产品,并通过在线平台对这个过程进行直播,看似只是一个线下的试用活动,但其目的是制造一条在社交平台上疯狂传播的"病毒内容"。

(3) 舆情监测,通过企业账户或关键字搜索等社交平台工具,企业可以获得相关的社交媒体信息。通过归类和分析这些信息,企业可以不断更新用户数据、销售数据和服务数据,并获得相关的客户评价、客户对本品牌与竞争品牌的对比看法等,这些都有助于品牌的定位和监测工作。

(4) 销售接口,企业需要建立从社交平台导入销售体系的接口,从而将粉丝转化为客户,将流量转化为交易。

2. 内容模块

(1) 多账户管理。企业需要明确在哪些社交平台进行投入,各个平台的特性和用户风格如何,通过多账户管理确定哪些内容应当发布在哪些平台,并实现在所有平台上建立统一的形象。

(2) 内容营销。企业所发布的内容必须是客户导向的,由于社交媒体平台的强扩散能力和营销属性,病毒性内容通常在传播上是很有效的。但是,发布病毒性内容获得大量关注和转发并不等于能转化为实际的交易,因此,在进行社会化客户关系管理时必须加入销售转化或能够体现推动销售进程的实际指标。

(3) 关键意见领袖管理。企业需要基于关键意见领袖(KOL)进行内容营销。社交平台上的信息传播往往需要通过多个关键意见领袖完成多次放大,企业必须识别或培养出与企业相关、最能帮助企业对接目标客户的关键意见领袖群体,并保持持续良好的合作关系。

3. 用户模块

(1) 用户账户管理。与传统的用户数据相比,社交数据更加丰富,因此社会化客户关系管理的用户账户也需要具备更丰富的维度。企业需要通过积分体系或类似功能维持客户的活跃度,积分需要在多个平台(包括线上和线下)进行有效统一。分组、标签等功能也是用户账户管理的重要部分。

(2) 客户挖掘。企业需要通过社交数据，开发出一套体系化的客户挖掘系统，将社交平台转变为能够持续发现商机的销售渠道。

(3) 客户分类管理。企业需要通过社交平台的某些功能和奖励方式来区分普通用户和能够促成实际交易的销售用户。如果数据体系足够完备，还应当将销售用户进一步细分为初步购买客户、重复购买客户、沉默客户等，并为之设置不同的激励政策。

(4) 服务接口。在数字时代，越来越多的客户选择将不满发布在社交网络上。由于社交网络具有极强的传播性，企业面临诸多不可控的因素，因此需要在危机事件尚未迅速发酵时，通过客户服务模块迅速介入，并将发表不满的客户正确引导到正常的售后服务管理流程中。

4. 数据模块

(1) 知识库管理。企业可以通过关键词抓取、在线服务等方式迅速积累服务案例，以此为基础快速高效地搭建知识库。同时，也可利用智能应答系统(如服务机器人)有效解决基础的或标准化的问题，以有效降低服务中心的负荷。

(2) 数据仪表盘。社交平台非常适用于收集营销数据，从多个维度展现企业的营销工作表现。

(3) 数据分析。企业在社交平台上的数据能力是企业大数据能力的基础。社会化客户关系管理体系需要构建一定的数据分析能力，企业可以利用自动化、高效率的软件帮助非结构化的社交数据进行结构化处理。

思考题

1. 思考在数字营销时代，为什么建立数字化营销持续关系对企业至关重要？

2. 举出一个实际品牌社群的案例，思考它的定位、主要群体成员特征、激励机制、活动开展等特点。

第十八章
社群经营的变现

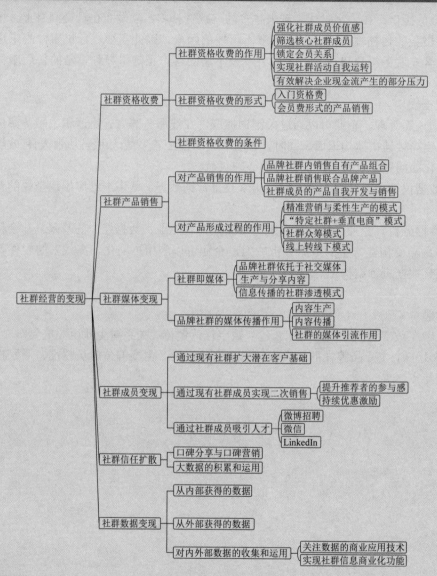

学习目标

1. 了解社群资格收费
2. 了解社群产品销售
3. 了解社群媒体变现
4. 了解社群成员变现
5. 了解社群信任扩散
6. 了解社群数据变现

成功建立数字化关系，构建有价值的品牌社群后，企业需要思考如何实现社群经营的变现。数字时代企业的营销回报方式可以总结为"5+1"。从"社群资格收费"到"社群信任扩散"，每一种回报对社群关系强度的要求将越来越高，而"社群数据变现"则需要在前5种方式成功实施的基础上实现。

一、社群资格收费

社群资格收费是将加入某一群体、保持作为某一群体的资格或者获取某种特定服务的资格进行交易的回报方式，比如会员费和年费等。

(一) 社群资格收费的作用

品牌社群资格收费对企业的作用体现在5个方面。

1. 强化社群成员价值感

收取资格费的形式本身可以强化社群认同，尤其是某些高额使用费的收取，已经成为成员身份和社会阶层的标志。

2. 筛选核心社群成员

通过收取社群资格费，企业可以挑选有决心、有魄力的核心成员，共同促进社群发展。

3. 锁定会员关系

社群资格收费不仅能够提高顾客的转换成本，而且能够提高客户在品牌社群中的忠诚度和活跃度。

4. 实现社群活动自我运转

收取社群资格费用能够激励管理者更专注、专业地为会员持续创造高价值的内容，增加社群的整体活跃度和凝聚力，有助于社群活动自身的良性运转。

5. 有效解决企业现金流产生的部分压力

会员费的收取通常是预付款，企业可以利用这笔资金解决各项业务活动的成本支付所带来的压力。

(二) 社群资格收费的形式

社群资格收费的可行性及收费标准取决于不同社群及每个社群成员对价值的接受程度。一般而言，可以有以下形式。

1. 入门资格费

入门资格费是指客户为了获得产品和服务的购买权而缴纳的入门费用。如果需要进一步获取产品和服务，客户仍需要支付相应的费用。收取入门资格费是为了提高客户对企业关系的重视程度，有利于企业强化客户关系。

> **读一读**
>
> 对全球最大的会员制商店山姆会员店来说，收取会员费不仅是一个有效的收入来源，还能够增加用户黏性。当会员缴纳了会员费后，就需要定期去山姆会员店消费，不然就会"浪费"会员费。

2. 会员费形式的产品销售

企业以基础需求为入门吸引，以提供更好的价值来激励社群成员支付会员费。这一形式的费用实际上是所对应的产品或服务的使用费，它确定了客户在某一时间段能够自由享受特定的服务。

> **案例实践**
>
> 迅雷下载向享受高速下载服务的会员收取15元/月的会员费。支付成功后，会员在服务有效期内可无限量高速下载。国内大部分主流视频网站，也会对观看特定影片和免广告等服务收取相应的会员费。

(三) 社群资格收费的条件

社群资格收费必须围绕社群经济的价值，如人脉价值、信息价值、效率价值等。通常情况下，满足以下条件的社群适合实施资格收费。
(1) 拥有与其他社群高度相似的文化和价值；
(2) 产品或服务的使用持续性强或使用频率高；
(3) 社群本身具有足够大的独特价值；
(4) 可产生良性裂变与增量(即社群拥有分化和不断吸纳新的受众的能力)。

二、社群产品销售

社群产品销售是指社群最终通过产品的销售来实现变现，获得经济价值。

(一) 对产品销售的作用

品牌社群对产品和服务有直接的销售作用，体现在以下几个方面。
1. 品牌社群内销售自有产品组合
这是最直接和最经典的通过社群运作实现回报的方式。比如，小米公司利用MIUI进行前期的客户群积累，在这些忠实客户群的支持下，小米手机上市取得了开门红。小米逐渐延伸到其他品类后，小米社群的忠实成员也跟随其产品扩展的脚步，不断购买新的小米产品。

2. 品牌社群销售联合品牌产品

自有品牌社群运作时，企业可以从品牌关联的角度，选择与本品牌需求紧密、风格相似的产品品牌进行联合销售。

案例实践

美国迪士尼公司立足于丰富的娱乐产品开发，对外授权使用迪士尼公司娱乐产品中的形象，并收取授权使用费。在让渡形象使用权的同时，也向这些合作方开放迪士尼的品牌社群，将喜爱迪士尼产品的社群成员转化为这些合作品牌产品的实际购买者。

3. 社群成员的产品自我开发与销售

社群成员可以不单纯只是产品购买方，在符合特定规则的基础上，他们也可以分享社群成员资产，进行相关产品的开发与销售，实现购、产、销一体化。

查一查

女性社群"疯蜜"平台定位于"美少妇"群体，除了平台向社群成员直接销售产品以外，社群成员也可以在符合规则的条件下，向社群成员销售自己开发的产品。

(二) 对产品形成过程的作用

品牌社群也能够对产品形成过程进行价值的激发。

1. 精准营销与柔性生产的模式

社群经济模式使内容的大规模定制和生产的柔性化具备了实现的可能。比如，乐高公司利用粉丝社群Cuusoo平台采集粉丝分享的原创想法，采纳其中支持率最高的想法，并将其转化为实际产品，同时提案者也可以获得销售额1%的奖励。

2. "特定社群+垂直电商"模式

随着社群经济力量的壮大，社群与电商间的界限也逐渐被打破。尤其是那些以兴趣爱好为基础的特定细分社群，更具有电商化的潜质。比如，美国电商Etsy以手工艺成品买卖为主要特色，吸引了超过3000万名会员，有超过100万个卖家在该平台进行交易。

3. 社群众筹模式

传统众筹不设置门槛和边界，相比起来，社群众筹可以凭借已建立的信任体系和价值链接属性具备更强的说服力和传播力。

4. 线上转线下模式

除了零售行业常见的利用线上流量为线下门店引流的形式以外，社群还能够通过在线上聚合用户、建立社群影响力，然后在线下举办培训、论坛、比赛等多种形式的活动来实现变现，并促进社群的二次成长。

三、社群媒体变现

因为社群的信息生产和分享具有自发性特征，所以企业可以充分利用品牌社群来实现商业信息的生产和分享，这就是社群媒体变现。

（一）社群即媒体

在信息扩散领域实现社群效应是获得社群回报的一种重要方式。在数字化时代，社群即媒体，因此，企业经营品牌社群必须具备媒体意识。

1. 品牌社群依托于社交媒体

企业需要利用各种移动互联网社交平台来建立品牌账号，如微信与微博账号、公众号和各种认证下的社交账户。品牌社群的信息分享以及许多成员互动活动都需要通过社交媒体平台来实现。

2. 生产与分享内容

社群成员会分享社群内生产的优质内容，还会基于原创内容进行二次创作。

3. 信息传播的社群渗透模式

移动互联网时代的信息传播是通过社群与社群之间的互相渗透完成的。当社群内产生一条新信息时，社群成员会在自己所在的其他群体中进行分享。因此，信息会呈现"裂变式"或"指数级"传播过程，通常也被称为"病毒式传播"。

（二）品牌社群的媒体传播作用

1. 内容生产

从Web2.0（以论坛、博客为代表）向Web3.0（以社交平台、微博为代表）升级迭代的进程中，用户生产内容（user-generated content，UGC）逐渐成为内容产生的主力军。

> **读一读**
>
> 网上内容的创作还可以进一步细分出专业生产内容（professionally-generated content，PGC）。UGC和PGC两种模式共同推进内容的生产：内容集合了社群成员的集体智慧，并通过优质的PGC形式展现。UGC通过贡献流量和参与度的方式来维持内容的广度，而PGC则保障内容的深度，实现价值的创造和品牌话语权的树立。

2. 内容传播

除了通过社交平台等传播渠道来进行内容扩散以外，社群内部的成员本身也会成为扩散源。社群成员作为内容的产生者，具有主动分享内容的动力，同时，社群成员也是这些内容的主要受众，因此社群媒体产生的内容不仅能在社群内部得到有效传播，还会被社群成员主动地向外传播。

3. 社群的媒体引流作用

社群还能利用社群成员之间的信任和社群传播的裂变式传播方式，实现对线上线下销售平台的流量吸引作用。对于线上渠道，从品牌信息传播开始，基于很少的操作和跳转页面，信息受众就能够直接到达购买界面，通过各种网络支付方式实现实际的交易。在线下，门店信息、优惠券、位置导航等发布在社群的信息内容也可以吸引客户前往线下门店，提升实体店铺的客流量。

四、社群成员变现

(一) 通过现有社群扩大潜在客户基础

社群必须在现有客户基础上，通过现有成员的人际网络与社会影响力，实现社群的自我持续发展。企业需要做到以下几点：

(1) 建立核心客户群；
(2) 主动或协助社群开展各项主题活动；
(3) 让成员与社群在共享中互惠互利。

(二) 通过现有社群成员实现二次销售

为了成功实现通过现有社群成员实现二次销售的目的，企业需要做到以下几点。

1. 提升推荐者的参与感

许多企业采取用户消费后才有资格向好友进行推荐的激励模式。一方面，消费后的社群成员在心理上对分享出去的优惠券有更高的认同；另一方面，他们会把这种分享作为弥补消费所带来的财务损失的其他方式。

案例实践

饿了么和美团外卖等互联网服务型企业，当用户在其平台上进行服务消费之后，平台会发放给用户一个可以用来分享给其他朋友的、用于下次消费的红包。

2. 持续优惠激励

直接派发优惠券吸引社群成员进行消费的方式可能会令消费者感到倦怠或不加珍惜，但采取一定的技巧后，这种直接的激励方式仍然可以实现很好的二次销售。企业需要持之以恒地进行优惠信息的派发，选择适当的派发时机，如节假日、会员生日等。

(三) 通过社群成员吸引人才

在传统时代,由于信息交流不便,人们无法与兴趣相投的人进行有效的沟通。企业也是如此。企业非常依赖线上招聘网站来实行"广撒网"的人才招聘方式。然而投简历到线上网站的人员有限,人力部门的筛选和考核过程也非常费时费力。即使找到了符合岗位需要的候选者,也无法保证该候选者对企业具有同样的兴趣。

在数字化时代,社群的出现能够解决有关"兴趣"的问题。所有成为企业粉丝社群的人,至少是对企业的产品、服务或企业的某一特点感兴趣或有所认可的人,因此,通过社群成员来寻找对应岗位的候选人能够使招聘效率大大提高。

查一查

路敏思(Lumesse)的数据显示,61%的企业会采用社交媒体寻找新员工;55%的企业会运用社交媒体与当前还没有跳槽需求,但是未来可能会成为潜在人选的候选人建立关系;42%的企业会使用社交媒体寻找特殊岗位的候选人。

企业利用社交媒体进行社群招聘时通常会采用以下方式。

1. 微博招聘

微博招聘的特点是投放准确、成本低、受众广。阿里巴巴、第一财经等企业都会通过微博招揽传媒人才。

2. 微信

微信的优势是信息发布传播快、与候选人沟通方便等。这带给了企业一种更加移动化、社交化的招聘方式。微信用户的迅速增长也使更多的企业开始建立自己的微信招聘平台。比如,腾讯在微信上建立了"腾讯招聘"微信公众号。

3. LinkedIn

LinkedIn是专为职场人士打造的社交平台。企业可以在LinkedIn上建立自己的官方账号,定期发布公司新闻、行业动态和招聘信息。

五、社群信任扩散

社群信任扩散是指在建立紧密的社群关系网络的基础上,通过社群与周边资源的合作和协同努力,进行产品评测、推荐和销售。这种方式适合由第三方社群的运营方实施,能够较好地保证评判的客观性与中立性。社群内部产生的产品评测与推荐内容可以代表所有成员的想法,也能够在最短的时间内解决消费者在购买决策过程中持有的疑问。另外,成员间的从众心理也会不断影响人们的消费行为,更利于社群信任扩散的发生。

社群信任扩散的典型代表之一是著名电商平台"小红书"。小红书主要包括海外购物分享社区和跨境电商"福利社"两个板块。其起步于社群经营,海外购物分享社区已经成为小红书的经营壁垒,使其他电商平台无法轻易模仿。该社群模式具有以下两个特点。

1. 口碑分享与口碑营销

小红书海外购物分享社区中的所有内容均来自用户的自主分享。根据这些分享内容，用户可以了解其他用户的购买选择，为自己的购买决策提供参考。用户也可以在分享社区的页面看到其他用户分享的购物心得，以及相应的讨论和点赞情况。用户可以基于这些内容迅速获得口碑信息，并以此来影响自己的购买决策。

2. 大数据的积累和运用

海关总署和中国电商研究中心的数据显示，2014年海外购物人群的总规模为1800万，而小红书由社区产生的"小红薯"人数(即海淘用户)超过1500万。可以说，小红书的用户能够代表国内大部分的海淘群体。由此可见，合理利用社群数据进行用户分析和设计精准化营销是小红书的发展方向。

六、社群数据变现

社群数据变现指的是企业在社群管理过程中，对企业业务、产品和服务等相关的各种数据进行收集，一方面通过对数据的分析和挖掘，精准洞悉顾客需求，另一方面则设法将数据交易变现，产生收益。从本质上说，其通过对大数据进行分析和细化研究，以提升数据本身的商业价值。

企业可以获取社群成员数据，这些数据包括从内部获得的数据和从外部获得的数据。企业可以结合自身情况灵活选择数据来源。

(一) 从内部获得的数据

从内部获得的数据包括企业信息化系统、企业数据化的历史档案、企业物联网络数据等。

(二) 从外部获得的数据

从外部获得的数据包括互联网数据、基于互联网的物联网络数据、公共渠道数据等。

(三) 对内外部数据的收集和运用

1. 关注数据的商业应用技术

在数字营销时代，企业需要依附于社交网络的数据挖掘和社会化客户关系管理系统的运用，进行客户需求洞察。

(1) 企业需要从社交网络平台上获取大量信息，但同时必须具备处理海量数据的能力。可以运用新的匹配技术使搜寻客户的过程变得更为快速和全面。比如，爬虫技术可被运用于比对公司客户资料库与社交网络上同名用户的身份，继而获得更多有价值的信息。

(2) 企业需要掌握将海量信息转化为有用信息的技术。比如，可以运用主资料管理技术将社群媒体资料转变成有用的格式，将不同社群媒体获得的资料整合进企业现有的客户关系管理系统，从而更有效地与客户建立一对一的深度关系，更精准地实现营销目标。

2. 实现社群信息商业化功能

随着技术的发展，针对社群信息进行收集、分析、整理和挖掘的商业化技术和应用已经相当成熟了。

查一查

国内有百度数据、淘宝数据、微数据等免费的数据分析平台，帮助企业做初步的市场细分、舆情分析等；也有以淘宝数据魔方为代表的专门针对垂直电商的数据平台，为这些垂直电商提供消费者交易数据。国外有Sprout Social能够帮助企业管理Facebook、Twitter和LinkedIn等社交平台账号，它会对客户的行为做出一定的回应，并及时通知企业。

一种应用是，企业直接利用社群信息进行盈利，即企业可以直接出售数据。比如，全球零售巨头沃尔玛将自己在美国的交易数据出售给尼尔森等传统市场调研公司。

另一种应用是，社群平台本身具有海量数据，运营企业对数据进行标准化定制处理后，直接出售给有需要的企业。比如，阿里巴巴利用淘宝、天猫产生的交易数据和用户数据，建立了核心商业数据平台——"阿里妈妈"，用以为大型品牌厂商、代理公司以及各类中小企业提供营销平台服务。

思考题

1. 阐述本章所述的6种社群变现方式的概念和作用。
2. 思考并举例说明每种社群变现方式在企业或品牌中的实际应用。

任务四
基于特定人群和特定产品的数字化营销方案设计

第十九章
基于特定人群的数字化营销方案设计

```
                           ┌─ 了解客户需求 ─┬─ 从资源配置角度了解客户需求
                           │                └─ 从风险承受角度了解客户需求
基于特定人群的数字化营销方案 ─┼─ 风险矩阵下的资产配置
                           ├─ 客户生命周期
                           │                  ┌─ 高净值人群的金融产品数字化营销方案
                           └─ 典型人群的数字化营销方案 ─┼─ 职场新人的金融产品数字化营销方案
                                              └─ 住房/养老的金融产品数字化营销方案
```

学习目标

1. 了解金融产品销售场景
2. 掌握客户邀约、卡位营销、客户赢回的数字化方法和工具
3. 能基于场景策划金融产品数字化营销方案

管理大师德鲁克在描述企业的定义时曾说过:"企业的宗旨只有一种适当的定义:创造客户。谁最了解自己的客户,谁就最可能推出赢得市场的产品和服务。"金融行业产品与其他行业产品相比有显著的差异性,这些特质决定了"以客户为中心"的理念必须深入贯彻到每一位从业人员的具体工作和营销全流程中。

逐步加快的数字化进程推动各金融业态的变革与转型,不仅我们熟悉的银行积极面对挑战,搭建更符合客户需求的创新业务场景,努力变成全面、贴心、持续的成长伙伴,大家印象中偏重传统渠道的保险业也顺势而变,以客户需求为出发点去提供相关的产品及服务,他们的角色不再是单一保障服务的提供者,更多的是成为客户需求的服务者。

延伸阅读

保险业:以客户为中心,开启数字化变革之路

当今世界,数字技术加客户体验等于以客户为中心。实现以客户为中心的真正挑战在于发展企业能力,准确理解客户的显性需求和隐性需求,进而根据每位顾客的偏好与所处的环境,精准营销,提供全面差异化和个性化的产品与服务。根据埃森哲的经验,每一条以客户为中心的征程都依托于五大"支柱"和五项"数字化支持力量"。

这五大支柱分别为倾听并理解客户、客户导向型产品、多渠道互动管理、客户体验管理、组织重塑及变革管理,如图19-1所示。

第十九章 基于特定人群的数字化营销方案设计

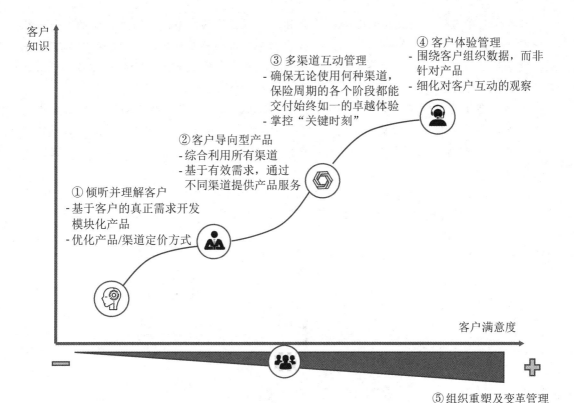

图19-1 以客户为中心征程的五大支柱

倾听并理解客户——这是此次征途的起点。以客户为中心的保险企业善于倾听客户的心声。这些机构会针对客户而非产品来组织其数据；同时按照面向客户的衡量标准和关键绩效指标(KPI)，不断细化和扩充自己的管理信息系统。该系统提供了全方位的视角，既包括传统数据(如年龄、住址、家庭状况、产品、保费、交易、联系历史、理赔、投诉等)，也纳入了新的可用数据(例如：单个产品组件的价格弹性、根据登录数据/地理位置数据/远程信息数据判断其对分销渠道的偏好，以及在社交网络上所表达的喜好等)。

客户导向型产品——保险企业需要尽可能地量身定制价值主张，以此充分满足每位客户的需求和偏好。在客户未明确表达需求的情况下，保险公司的产品推荐应当在客户最有可能接受的时点上，通过最合适的渠道送至客户手中。这些时刻往往是客户生活中的幸福瞬间，例如新生命的诞生、某个周年纪念日或者婚礼等。保险需求也可能会伴随着房地产、家电或旅行产品的购买而派生，往往能带动伙伴关系和生态系统的进一步发展。

多渠道互动管理——允许客户根据自己的偏好使用传统或创新的渠道。消费者可能不会关心保险公司选择何种组织模式来管理其分销渠道(完全整合型、协调型或竞争型)，也不在意管理渠道所做的财务安排(如奖励水平、成本分摊等)，他们更关注保险公司透明的报价和无缝化的多渠道互动体验，以及能否基于其所处的具体环境，以最符合其意图的渠道来提供服务。因此，即便是最具吸引力的价值主张，如果在错误的时间或通过错误的渠道发布，也有可能遭遇失败。

客户体验管理——最成功的保险企业能真正了解自己的客户，并随着时间的推移敏锐感知客户的需求、行为及偏好的变化，并相应调整其产品和互动方式。围绕客户体验，企业必须不断寻找新的、更好的解决方案，以此取悦客户。这就要求保险机构开发各种功能与工具，针对每一名客户/细分群体持续提升价值主张和服务水平。

组织重塑及变革管理——这一支柱包括了实现以客户为中心所需的各种思想变革。为了建立以客户为中心的业务模式，传统企业很可能会痛苦地做出结构调整。在确保自身核心技术和精算能力的同时，企业需要提升企业文化，积极倡导和贯彻客户优先的理念。

以客户为中心之旅的5种数字化支持力量，如图19-2所示。在以客户为中心之旅的每个阶段，数字化支持力量都能发挥作用，只是其相关性在各个环节中并不相同。

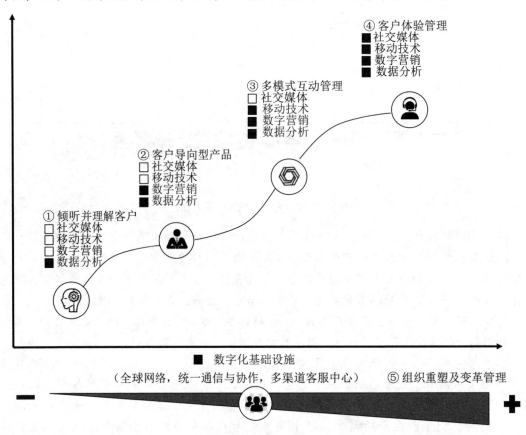

图19-2　以客户为中心之旅的5种数字化支持力量

借助各种全新的能力，并且引进和协调"数字化支持力量"，确保以客户为中心这一变革的每项关键因素都可以得到强化。这些支持力量包括数据分析、数字营销、移动技术、社交媒体和一系列数字化基础设施，以及多渠道客服中心。

资料来源：https://www.accenture.com/cn-zh/insight-zhanwang-insurance-customer-focus

现在的客户对随时、随地、随身的服务需求越来越强烈，在以用户为中心的新型服务模式下，谁掌握了用户资源，谁就拥有市场竞争优势。各种数字化营销工具成为商业银行开展业务和拓展服务渠道的重要途径，也是客户关系管理和用户生命周期管理的重要手段。让我们先来想一想金融产品和其他产品有什么不同？

> **延伸阅读**
>
> **金融产品与其他产品有什么不同**
>
> 　　首先，金融产品是虚拟存在的。它不是一个有形的实物商品，让客户能够看得见摸得着，金融产品信息不对称是客观存在的，一个没有金融专业背景的客户要理解产品投资标的、风险特征等信息是有一定难度的。金融部门通过金融产品的交易来打通人们关于未来的看法，从而便于人们管理来自未来不确定性所产生的各种风险。
>
> 　　其次，金融产品风险来源具有多样性，包括市场风险、流动性风险、信用风险、操作风险等。经济金融化、经济全球化、金融自由化、金融全球化日益成为现代经济、金融的主要特征，各种不确定性"黑天鹅"事件带来了频繁波动的市场风险，例如，2020年岁末年初发生的新冠肺炎疫情，使得世界经济市场遭受前所未有的重创。按照IMF的预测，2020年全球经济将增长-3.0%；油价最低收价一度到每桶-37.63美元，负数油价是史上从未有过的；美国股市历史上共出现过5次熔断，其中4次就发生在了2020年3月。此外，货币政策调整带来的流动性风险、债券发行主体违约造成的信用风险、人为原因产生的各类操作风险等，在整个金融市场中随处可见，风险可以被识别、计量、对冲，却无法避免。因此，在金融产品营销过程中必须遵循投资者适当性原则，了解客户，客观全面衡量客户风险偏好和风险承担能力，"将适当的产品提供给适当的投资者"。
>
> 　　第三，金融产品风险具有滞后性。收益的当期性和损失的滞后性是金融产品的内生特征，以贷款为例，银行向谁发放贷款、贷款定价、还款周期、还款方式、风险防范措施等都要根据客户情况和大数据风险模型测算来确定，贷款从发放日开始直到收回全部本金利息为止，时间可能长达十年、二十年。在这么长的期限内，企业将受到宏观经济发展过程中的不确定性风险的影响，并且一定会遵循企业生存发展的客观规律，相当一部分企业会走向破产重组，银行债权甚至无法回收。因此，做到"以客户中心"，长期关注、持续了解客户的最新发展变化，是防范化解风险的必然要求。

下面我们从资产配置角度和风险承受角度了解客户需求。

一、了解客户需求

(一) 从资产配置角度了解客户需求

作为一个为客户服务的专业人员，应该先了解你的客户通过金融产品想要实现哪些收益目标，然后根据客户的需求和客户自身的情况，选择适当的金融产品为客户进行资产配置，帮助客户顺利完成自己的财务目标。

不同的人和不同的家庭在各方面的条件不尽相同，但总体而言，都会努力达成以下几个财务目标。

(1) 满足未来特定支付。人生在世,每个人都会有追求更好生活的梦想。比如:购置一座属于自己的大房子,让自己住得更加温暖舒适;购买一辆中高级家庭用车,不仅方便家人随时出行,还可以为自己赚足"面子";让自己或子女在国内外接受更高层次的教育,得到更好的工作。这些在购房、购车、教育等方面支出的时点与金额都需要提前几年甚至十几年规划好。

(2) 应对财务紧急状况。天有不测风云,人有旦夕祸福。如果自己或家人染上重病,或者遇到严重意外,就可能花费大量的医疗费用,甚至可能导致劳动能力的下降或丧失,从而造成家庭收入大幅度缩水。所以,一方面人们要未雨绸缪,拨出一部分资金以备不时之需;另一方面人们也需要购买适当品种的保险,为自己和家人的人身和财产安全提供保障。

(3) 做好退休养老规划。尽管我国逐步推行延迟退休的政策,但是当退休真正来临的那一刻,人们必须从容面对丰厚的在职薪酬转换为差强人意的退休金这一现实。如果人们想要维持甚至超出退休之前的生活水平,享受退休后的晚年生活,那么应提早几十年运筹帷幄,对自己的退休养老进行规划布局。

(4) 遗产规划留给家人。人的生命总有完结的一天,在生命走到尽头时,每个人都希望自己的家人能够继续好好生活。因此,人们会将自己财产的一部分拨付出来,作为身故后留给家人的遗产。如何高效率地进行遗产的管理,规避相应的税收,并将遗产顺利地转移到受益人的手中,就成为理财规划领域越来越重要的一个话题。

做一做

选取一到两位亲友,梳理其对应的财务目标,表19-1为示例。

表19-1 财务目标一览表

时间	目标	紧急性	达成日期	备注
短期(1年内)	购买一个新手机 投资基金/股票 控制开支预算			
中期	其他短期目标 购车筹集资金 购买 寿险、财险 个人启动金 其他中期目标			
长期	建立退休基金 筹集子女教育金 财产传承 其他长期目标			

(二) 从风险承受角度了解客户需求

对资产配置而言，还有一个不容忽视的条件：风险承受。它大体分为风险承受能力和风险承受态度两个方面。

(1) 风险承受能力。风险承受能力是一个客观的指标，主要取决于家庭成员的年龄、职业、收入、财务负担、投资知识及经验等因素。

做一做

选取一到两位亲友，了解其风险承受能力。

表19-2是一份对风险承受能力测试的评分表。其中年龄是最重要的一个参数，满分为50分。其余5个参数满分均为10分。按照客户的实际情况进行打分，计算出客户的总体得分，一共可以分为低能力(0~20分)、较低能力(21~40分)、中等能力(41~60分)、较高能力(61~80分)、高能力(81~100分)5个等级。

表19-2　风险承受能力测试评分表

评分项目	评分标准					客户得分
年龄	25周岁及以下者为50分，每多1岁就减掉1分，75周岁及以上者为0分					
工作收入	高水平(10分)	中高水平(8分)	中等水平(6分)	中低水平(4分)	低水平(2分)	
家庭负担	未婚(10分)	双薪无子女(8分)	双薪有子女(6分)	单薪无子女(4分)	单薪有子女(2分)	
房产状况	自宅加投资(10分)	自宅无房贷(8分)	自宅低房贷(6分)	自宅高房贷(4分)	名下无住宅(2分)	
投资经验	10年以上(10分)	5~10年(8分)	1~5年(6分)	不足1年(4分)	无(2分)	
投资知识	有职业证书(10分)	财经类学历(8分)	自修有心得(6分)	略懂一些(4分)	基本空白(2分)	
总分						

(2) 风险承受态度。风险承受态度是一个主观的指标，主要取决于客户的投资目标、忍受投资亏损的程度、面对亏损的心理等因素。

做一做

选取一到两位亲友，了解其风险承受态度。

表19-3为一份对风险承受态度测试的评分表。其中忍受本金亏损的百分比是最重要一个的参数，满分为50分。其余5个参数满分均为10分。按照客户的实际情况进行打分，然后计算出客户的总体得分，一共也可以分为低态度(0~20分)、较低态度(21~40分)、中等态度(41~60分)、较高态度(61~80分)、高态度(81~100分)5个等级。

表19-3 风险承受态度测试评分表

评分项目	评分标准					客户得分
忍受亏损	25%及以上者为50分，每减少1%就减掉2分，不能忍受本金损失者为0分					
获利动机	短期差价(10分)	长期利得(8分)	定期收益(6分)	抗通胀保值(4分)	保本保息(2分)	
投资特性	成长性(10分)	收益兼成长(8分)	收益性(6分)	流动性(4分)	安全性(2分)	
亏损操作	提前设止损(10分)	事后再止损(8分)	卖掉一部分(6分)	持有待回升(4分)	加仓降成本(2分)	
亏损心理	吸取经验(10分)	基本无影响(8分)	影响情绪小(6分)	影响情绪大(4分)	导致失眠(2分)	
规避工具	无(10分)	衍生品(8分)	股票(6分)	外汇(4分)	房地产(2分)	
总分						

二、风险矩阵下的资产配置

在完成风险承受能力和风险承受态度的测试打分后，我们就可以将两者相结合，通过风险矩阵工具为客户进行基本的资产配置。

为了简化问题，我们选择三类较常见的资产作为代表，它们分别是货币(代表低风险低收益资产，如现金、存款、货币市场基金等)、债券(代表中风险中收益资产，如公司债、债券型基金等)、股票(代表高风险高收益资产，如A股股票、股票型基金等)。

在实际操作过程中，我们还要考虑具体的市场环境，以确定更加合适的比例，为客户进行资产配置，可参考表19-4中的数据。

表19-4 风险矩阵

	低能力(0~20分)	较低能力(21~40分)	中等能力(41~60分)	较高能力(61~80分)	高能力(81~100分)
低态度(0~20分)	货币：70% 债券：20% 股票：10%	货币：50% 债券：40% 股票：10%	货币：40% 债券：40% 股票：20%	货币：20% 债券：50% 股票：30%	货币：0% 债券：50% 股票：50%
较低态度(21~40分)	货币：50% 债券：40% 股票：10%	货币：40% 债券：40% 股票：20%	货币：20% 债券：50% 股票：30%	货币：0% 债券：50% 股票：50%	货币：0% 债券：40% 股票：60%
中等态度(41~60分)	货币：40% 债券：40% 股票：20%	货币：20% 债券：50% 股票：30%	货币：0% 债券：50% 股票：50%	货币：0% 债券：40% 股票：60%	货币：0% 债券：30% 股票：70%

续表

	低能力 (0~20分)	较低能力 (21~40分)	中等能力 (41~60分)	较高能力 (61~80分)	高能力 (81~100分)
较高态度 (61~80分)	货币：20% 债券：50% 股票：30%	货币：0% 债券：50% 股票：50%	货币：0% 债券：40% 股票：60%	货币：0% 债券：30% 股票：70%	货币：0% 债券：20% 股票：80%
高态度 (81~100分)	货币：0% 债券：50% 股票：50%	货币：0% 债券：40% 股票：60%	货币：0% 债券：30% 股票：70%	货币：0% 债券：20% 股票：80%	货币：0% 债券：10% 股票：90%

为了加深大家对家庭资产配置的理解，我们通过以下案例加以说明。

> **延伸阅读**
>
> ### 青年夫妇的案例
>
> 张黎明和孙晓丽是一对年轻的夫妇，小张32岁，小孙29岁，小两口还有一个3岁的小孩。小张是一家互联网企业的技术人员，年收入税后15万元，而小孙是一个公立学校的数学老师，年收入税后7万元。他们在父母资助下，在郊区买了一套60平方米的房子，价格是100万元，首付款40万元已经付清，剩下60万元采用银行贷款的形式，每月需要偿还房贷6000元。一家三口衣食住行的日常开支大约是3000元，孩子的早教费用大约是1000元。这样，全家每年的开支大约是12万元。除此之外，小两口每年还需要缴纳各种保险费1万元。这样，每年可用于投资理财的开支大约为9万元（15 + 7 − 12 − 1 = 9）。
>
> 他们想在3年内买一辆10万元左右的家用汽车，养车费用每年1.5万元左右，10年内换一间100平方米的房子，给全家人更大的生活空间。15年后孩子上大学，每年的学费生活费也是一笔不小的开支。两人还有30年左右就会退休，需要考虑退休生活的花费。当然，除了投资理财的收入，两人的工作收入在未来也会有不小的提升空间，会为各种中长期目标的实现提供支持。
>
> 两个人在大学里学习的都是理工科专业，而且没有投资理财经验，偶尔会收听财经报道。好在两人年轻，心态健康阳光，崇尚"放长线钓大鱼"，不计较一时的涨跌，更加看重投资的成长性，希望股价长期上涨。而且他们沉得住气，遇到投资亏损，也能耐住性子等待价格回升，可以忍受20%的本金损失，而且不会影响日常生活。近期，小张的老同学因为炒期货破产而跳楼，给他们造成了不小的影响，所以不太愿意投资相关衍生产品。
>
> 首先，参照前面的风险承受能力测试表格，我们来打一下分数。小张32岁，所以"年龄"得43分[50 − (32 − 25)= 43]。30岁左右家庭年收入在20万元以上，在国内应该属于中高收入，所以"工作收入"得8分。两人各有一份工作收入，要养一个小孩，因此"家庭负担"得6分。两人有自住用的房产，但60%的贷款比重略高于50%，因此"房产状况"得4分。两人可以算作理财界里不折不扣的"小白"，因此"投资经验"得2分。他们对财经新闻报道的内容略懂一二，因此"投资知识"得4分。综上所述，该客户风险承受能力测试总分是67分(43 + 8 + 6 + 4 + 2 + 4 = 67)，被归类于"较高能力"。
>
> 其次，参照前面的风险承受态度测试表格，我们来打一下分数。他们可以忍受20%的

本金损失，因此"忍受亏损"得40分[50 − (25 − 20) × 2 = 40]。偏好长期资本利得，因此"获利动机"得8分。成长性是投资的首要考虑因素，因此"投资特性"得10分。投资缺乏止损意识，一直被动等待着股价反弹扭亏为盈，"亏损操作"得4分。他们不会因投资亏损而影响日常生活，宛若在投资理财和工作生活之间设立了一道互不干扰的"防火墙"，因此"亏损心理"得8分。在各投资品种中，他们唯独对期货等衍生品避而远之，因此"规避工具"得8分。综上所述，该客户风险承受态度测试总分是78分(40 + 8 + 10 + 4 + 8 + 8 = 78)，被归类于"较高态度"。

最后，结合风险承受能力和风险承受态度，使用风险矩阵得出基本的资产配置。从矩阵中可以看出，"较高能力"和"较高态度"的交叉点代表的资产配置是：30%配置在债券上，70%配置在股票上，而对货币没有做任何配置。再次强调，这些数据仅供我们在实践中参考，无须生搬硬套。比如在这里，我们就可以将5%的资产配置在货币类产品上，以保持一定的流动性，将25%的资产配置在以债券为代表的固定收益产品，以取得相对稳定的现金收益，将70%的资产配置在以股票为代表的权益类产品，以获得较高的投资回报。考虑到该客户缺乏投资知识和投资经验，建议以基金作为主要的投资工具，包括货币市场基金、债券型基金、股票型基金等。

> **延伸阅读**
>
> 比尔·盖茨的资产配置
>
> 1986年微软上市时，比尔·盖茨99%的财富集中于微软股票。此后，比尔·盖茨一边逐渐减持微软股份，一边摸索建立个人财富管理体系。1994年，他聘请迈克尔·拉尔森掌舵家族办公室(family office，简写为FO)，瀑布投资由此成立。据福布斯估算，2019年比尔·盖茨的资产总额在960亿美元左右，其中家族办公室的资产约为476亿美元。瀑布投资管理人迈尔·拉尔森将财富分散投资于科技行业以外的资产，每季度减持微软公司股票所获得的现金，将大部分资金转移到瀑布投资进行管理，避免对科技行业过高的风险敞口。此外，迈克尔·拉尔森将比尔·盖茨个人财富的70%投资于美国短期国债和公司债券，并在新兴国家债市拥有部分头寸。在剩余的30%里面，50%为PE基金，33%由与微软无相关性、甚至科技股反周期性股票组成(如能源、食品等)，最后17%由实物资产组成(如石油、房地产等)。根据《金融时报》的报道，1995—2016年，迈克尔·拉尔森的复合年回报率高达11%。
>
> 比尔·盖茨的资产配置充分体现出多元化、分散化的特点，为中国的企业家族管理提供了一个范本：金融投资授权给专业人士，而自己掌管实业投资。

三、客户生命周期

纵观人的一生，"挣钱一阵子，花钱一辈子"，图19-3的"人生财务曲线"直观地反映了这个观点。未就业时，没有收入，依赖父母的转移支付；青壮年时，收入逐步达到峰值，同时要应对上有老下有小的支出高峰，还要把收入匀出一部分用于养老消费储备；

进入退休阶段,收入锐减,甚至没有收入来源,需要依赖自身的储蓄或者子女的赡养。银行、保险等金融机构销售的"定期存款""养老基金""终身/定期寿险""大病险"等金融产品,实际上是介入了家庭管理风险的环节,为客户真实地创造价值。作为从业者,必须了解客户正处于人生财务曲线的哪个阶段,了解客户的收入来源是否稳定。

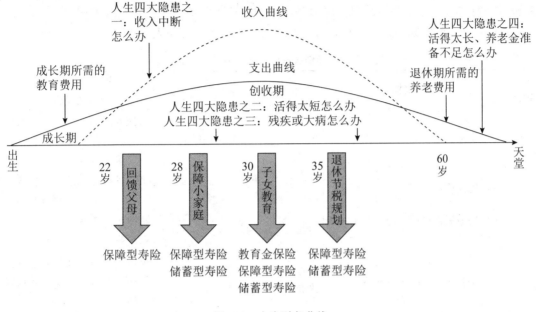

图19-3　人生财务曲线

四、典型人群的数字化营销方案

人在不同的阶段有着不同的风险偏好、不同的理财需求,我们来看以下几种典型人群的需求及营销方案。

(一) 高净值人群的金融产品数字化营销方案

(1) 人群特征。由招商银行、贝恩公司联合发布的《2019中国私人财富报告》显示,2019年,中国可投资资产在1000万人民币以上的高净值人群数量达到220万人,过去5年年均复合增长率为12%。高净值人群数量超过5万人的省市共11个,分别是广东、上海、北京、江苏、浙江、山东、四川、湖北、福建、天津和辽宁,其中6个省市(广东、上海、北京、江苏、浙江、山东)率先超过10万人;23个省市高净值人群数量皆超过2万人,地区间财富分布更加均衡。在高净值客户年龄分布中,已有近50%的客户迈过了50岁的门槛。在第一代创始人步入老龄阶段时,企业便面临着传承、接班的问题。子女是否有意愿、有能力接班都对高净值人士如何进行资产配置起到关键影响。

(2) 需求特征。对于高净值客群而言,他们要考虑的不仅是自己这一代人的生活,更多的是兼顾家族成员的事业、学业和家业,面向第二代、第三代的财富传承,在全球范围内建立产权保护的合理架构,通过资产配置将资产保护与资产增值有机结合,做好风险管理和组合配置,关注合理的流动性水平。

因此,各金融机构面向高净值客群提供的往往都是"一揽子"综合服务,包括资产配置服务、财富传承与保障、跨境金融服务、法律与税务服务、企业管理咨询服务等。

(3) 资产配置方案。高净值人群的金融产品资产配置方案如表19-5所示。

表19-5 高净值人群的金融产品资产配置方案

目标排序	客户目标	金融产品配置方案	非金融服务方案(与第三方供应商合作)
1	为家族提供永续稳定的经济收入	用信托或保险做好资产保全	信托专家服务、保险专家服务、国际出行/亲子游学/留学咨询服务
2	资产的保值增值	资产增值方案组合(房产、股票、债券、信托产品、基金)	风险管理专家服务、税务筹划服务、经营管理咨询服务
3	顺利完成财富传承,避免家族成员间的争议	遗嘱、家族信托、终身寿保险等	法律咨询服务、保险信托专家服务
4	对自己和家人提供养老保障	高端医疗险、长期看护险、退休安养信托的安排	全国三甲医院及私立医院挂号导医服务、高端养老机构参观服务
5	回馈社会国家,合理安排慈善工作	基金会或公益信托等	公益、慈善活动介绍

(4) 数字化营销方法。相比于普通人群,高净值人群面临的风险更加错综复杂,如企业家客户公私不分的风险、婚姻财富风险、财富保全与传承风险、财务及税务风险、企业经营风险、政商关系与刑事风险等。因此,针对高净值人群的资产配置服务是非常专业、难度较高的一项工作,通常由各大金融机构的私人银行服务团队、家族办公室等专业机构来承担这项工作。

数字化营销无法解决专业服务,但可以通过数字化营销方法发掘、识别高净值人群,为后续服务创造机会。例如,通过数据分析从现有客户中发现潜在高净值客户,如:持续性大额消费记录、银行私人银行卡持卡人、名车名表名包、高端会所会员等,找到他们所处的人生阶段和当下阶段的"痛点",以轻松、无负担的方式接触客户,从陌生到熟悉,与客户成为朋友,这是每一位专业服务财富顾问成长的必由之路。

(二) 职场新人的金融产品数字化营销方案

(1) 人群特征。职场新人多以1995年后出生的人群为主,被称作"Z世代"。作为数字技术的原住民,互联网和数码产品是他们日常生活的一部分,在技术革命的推动下,Z世代的生活方式发生了质的变化,他们的性格也更加独立,更加关注人生的体验感,同时更加懂得去挖掘最好的价值和服务。除了个性鲜明、注重体验、愿意尝试新鲜事物等特征之外，深受二次元文化影响的Z世代至少还具有5个性格特点，即：崇尚高颜值、"脑洞大开"是常态、寻求理想"人设"、"同人志"属性、社交需求旺盛。

想一想

你身边的职场新人都是什么样子？请选择1～2人进行客户画像(见表19-6)。

表19-6 客户画像

采访对象		
身份特征		
职场新人画像	年龄段	
	兴趣爱好	
	收入情况	
	上网活跃时间	
	消费偏好	
	从哪里获得财经信息	
	最看重金融机构的哪些服务	

(2) 需求特征。具有种种鲜明个性特征的Z世代人群(1995—2009年出生的人)，即将迎来事业的起步与快速上升期，他们崇尚的文化和价值观越来越被大众接受，其影响力正与日俱增。也正因为如此，Z世代身上蕴藏着巨大的能量，未来可期。这一群体处于初入职场、创业和家庭组建期，职业发展空间较大；缺乏意外、疾病等风险意识；基本保险无法满足其需求；风险承受能力相对较高，投资方式相对积极主动。

延伸阅读

2020年5月3日，哔哩哔哩献给新一代的青年宣言片《后浪》在央视一套播出，并登陆《新闻联播》前的黄金时段。视频中，国家一级演员何冰登台演讲，认可、赞美与寄语年轻一代。"你们有幸遇见这样的时代，但时代更有幸遇见这样的你们。"何冰坚定又深情的声音极具感染力，让不少青年人热泪盈眶。随后，这段演讲在朋友圈被刷屏，有网友赞其为"少年中国现代版"；而那句"心中有火，眼里有光"也成了年轻人的代名词，"后浪"所指的正是Z世代。

根据研究机构Deep Focus的《卡桑德拉报告》及IBM的调查，在美国市场，Z世代拥有2000亿美元的直接购买力及1万亿美元的非直接购买力。巴克莱银行则预计，到2020年，Z世代将成为全球最大的消费群体，并会占据美国、欧洲和金砖国家消费市场40%的份额。Z世代表现出6种消费态度，这直接影响他们对金融产品的选择。

态度一：愿意为自己的兴趣付费。Z世代虽然热爱娱乐，却不是"娱乐至上"的一代，他们更加青睐有思想、有质量的内容。

态度二：热衷于内容创作。内容创作是Z世代自我表达、实现个体价值的重要方式，他们很多都将创作发展为自身职业，并迅速成为流行文化的主要引领者和制造者；以B站(指哔哩哔哩)为例，活跃在各个兴趣区的"UP主"①们用自己创作的优质内容获得了很多年轻人的关注和喜爱，还推动了平台的壮大和内容消费市场的发展。Z世代拥有强烈的情感互动诉求，他们的分享意愿更高，对社交的要求会同时考虑圈层的广度与兴趣的深度；因此，短视频、图文等形式的内容创作，成为他们探索如何促进自己与相同圈层的年轻人进行社会链接的重要方式，有相似爱好的年轻人，也会在圈层中形成彼此的认同与合作。

态度三：爱国。爱国，是国货潮兴起的重要力量。反映到消费上，便是Z世代有着对国货极大的兴趣。从李宁、大白兔、六神、云南白药的备受欢迎，再到百雀羚、回力鞋等经典品牌的翻红，无不反映出新一轮"国货潮"的降临。

态度四：追随偶像/关键意见领袖(KOL)的脚步。因为热衷于追求理想"人设"，Z世代格外喜欢追随偶像的步伐。这里的偶像并非单纯指代某一个实实在在的个体，只要寄托了美好的愿景和"人设"，虚拟形象也可以成为他们的偶像。追随偶像的同时，Z世代还对"偶像经济"的发展做出了不小的贡献。QuestMobile数据显示，2018年，靠偶像力量推动的消费规模超过400亿，其中有接近70%的Z世代年轻人愿意购买"爱豆"(英文idol的音译)周边及同款产品，或者其代言推荐的产品，这或许会让Z世代觉得自己更接近自己理想的"人设"。另外，Z世代人群还偏爱跟着KOL直播"种草"。有数据表明，30%的Z世代群体在购物前会受到明星、KOL流量及口碑的影响。

态度五："懒经济"与"宅文化"。"懒经济"指的是消费者不用出门也可以用手机指挥商家上门服务，以外卖和到家服务为主要表现形式；Z世代是"懒经济"中的主要群体，在"懒"人群中占比超过一半。Z世代也热衷追求"宅文化"，即乐于宅在家里玩手机游戏、看动漫、逛视频网站、刷弹幕等，而不是到户外"瞎浪"，讲究物质追求与精神追求两不误。

态度六：偏爱颜值与萌宠。Z世代人群热衷于追求与高颜值相关的一切事物，使得"颜值经济"在Z世代盛行，美妆、护肤、唇彩等相关商品因此受到追捧。与其他人群相比，Z世代更加偏爱萌宠，与萌宠相关的各种消费也因此兴起。

资料来源：苏宁金融研究院消费金融研究中心撰写的《"Z世代"群体消费趋势研究报告》

(3) 资产配置方案，如表19-7所示。

表19-7 资产配置方案

目标排序	客户目标	金融产品配置方案	非金融服务方案(与第三方供应商合作)
1	过上有品质的生活(衣食住用行)	信用卡、消费贷、消费型保险	电商平台优惠券、咖啡券、电影券、手机充值立减券等
2	攒钱为梦想加油(孝敬父母、旅游、交友、发展兴趣爱好等)	基金定投、净值型理财、存款等	旅游出行、运动健康、体验活动

---

① UP主(uploader)，网络流行词，指在视频网站、论坛、ftp站点上传视频、音频的人。

续表

目标排序	客户目标	金融产品配置方案	非金融服务方案（与第三方供应商合作）
3	职场晋升	教育精英贷款	职业训练体验课
4	买车	汽车分期贷款	汽车租赁服务、汽车养护服务等
5	买房	按揭贷款	房产购置知识讲座
6	发展兴趣爱好	特色信用卡、特色存款等	视频网站会员卡、萌宠养护知识讲座、小游戏

做一做

客户张先生，本科毕业，今年25岁，在事业单位工作，现已工作3年。张先生是独生子，父母健在，有退休金。目前，他与女友已经到了谈婚论嫁的地步，两年前购买了一套三居室，预计明年交房。房屋总价为50万，父母支付首付款为25万，剩余25万以张先生名义进行住房公积金贷款，贷款时间为20年。张先生喜欢旅游，每年都参加网上组织的"驴友"活动。张先生每月收入4000元，生活开支1500元，还贷款1300元，结余资金就放在工资卡上，现有活期存款3万元，贷款余额约23万元，没有商业保险。最近，股市升温，张先生周围的同事都买了基金，他也有点动心，所以到某银行理财中心进行咨询。

假如你是一名大堂经理，负责解答张先生的咨询问题，打算如何做？

延伸阅读

产品销售的FABE法则，如图19-4所示。

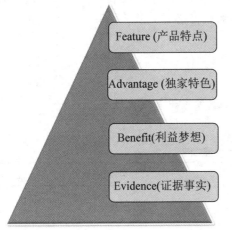

解答6个客户最关注的问题
1："我为什么要听你讲？"
　　一开始就要吸引住客户，先说益处和优点，说明产品对客户的益处是最关键且有效的，可以直接激发客户购买的欲望
2："这是什么？"
　　从产品优点方面进行解释
3："那又怎么样？"
　　需要解释这些优势能给顾客带来的利益，而且要使用顾客熟悉的语言
4："对我有什么好处？"
　　人们购物是为了满足自己的需求，不是为了满足销售人员的需求
5和6："谁这样说的？还有谁买过？"
　　从权威性的购买者、相关证明方面介绍，然后以第三者效应进行佐证，促成销售

图19-4　产品销售的FABE法则

延伸阅读

投资100法则

《孙子·谋攻篇》中说："知己知彼，百战不殆。"理财的道理也是一样的，知道市场投资风险，了解自己的风险承受能力，这样才能有合理、科学的收益预期，才能成为投

资理财的真正收获者。投资100法则,即用100减去年龄,就可以得到投资风险类资产的比例。举例来说,一位25岁的"社会新鲜人",可将总资产的75%用于购买风险较高的股票型基金,剩余的25%可购买一些货币、债券等较为稳健的基金品种。对于年轻人来说,适当地加大对风险较高的金融产品的配置,坚持长期投资,可以较大概率地取得长期收益。

> **延伸阅读**

投资72法则

如果某产品年化收益是$x\%$,那么N年以后的收益是$(1+x\%)^N$,口算复利是个难题,"72法则"则是复利近似计算的神器。其用来计算在给定的年收益的情况下,大约需要多少年,我们的投资才会翻倍。72法则的具体内容是:如果年化收益率为$x\%$,那么翻番需要的年份就是$72/x$。

举个例子:年化收益率是10%,用72/10=7.2,也就是约7.2年可以将投资翻番;如果年收益为20%,用72/20=3.6,也就是约3.6年投资可以翻一番。

(4) 数字化营销方法。新媒体平台作为近年来新型快速崛起的行业之一,以时效快、涉及广、影响大的特点被无数个人、企业所热捧。平台上个人自媒体号、企业大号大量出现,很多大品牌也开始利用新媒体平台的特性,开展品牌营销,并获得了成功。

在电视、广播、报纸的传统媒体时代,效率体现为"渠道为王";在互联网时代,大量庞杂信息泛滥,高质量的传播更多地依赖于"内容为王";而在自媒体时代,人人都是内容的传播者,则是"用户喜欢的内容为王"。亲民、有趣的内容更容易获得大众的喜爱,并借助他们的传播收获可观的流量。越来越多的人生活在自己选择的、相对封闭的信息环境里,在自己的小圈子里,无所不知,除此以外,则闻所未闻。这一点在Z世代人群身上体现得格外明显。因此,要打动现在的职场新人,必须先从他们喜欢的内容入手,用恰当的渠道实现触达和从用户向客户的转化。

> **做一做**

请针对你身边的职场新人群体,策划一次"基金定投"线上讲座。

有关线上讲座的细节,可参考表19-8。

表19-8 线上讲座细节

类型	细节确认
主讲人(几人组合,人设特征)	—
邀约客户方式	—
线上讲座形式	直播、录播、动画、短视频及其他
奖品设置和获奖流程设计	中奖率、获奖条件等
使线上客户活跃的方法	抽奖和优惠券发放
主讲人台词脚本准备	控制时长

做一做

随堂练习：请针对职场新人"保险"配置的必要性写一句不超过10个字的营销文案，并根据文案内容，制作一段15秒小视频。

(三) 住房/养老的金融产品数字化营销方案

(1) 人群特征。以往，一个国家进入老龄化社会的过程通常是相对缓慢而平稳的，例如法国经过了115年，瑞典经过了85年。而中国，仅经过25年便进入老龄化社会。与高速老龄化形成鲜明对比的是日益降低的人口出生率。2018年，中国妇女的生育率徘徊在1.6的低位，大大低于2.1的生育更替率。"老龄化"和"少子化"双重趋势的叠加，预计老年抚养系数将由2000年的9.9(平均9.9个劳动力供养一个老人)下跌至2020年的5.8以及2050年的2.3。随着中国经济的快速发展以及医疗技术的进步和平均寿命的增长，传统中国的家庭养老模式将难以为继。

和制度化标准化的第一支柱和第二支柱相比，第三支柱在快速识别和及时响应消费者个性需求方面独具优势。2018年5月，个人税递延商业养老保险试点正式拉开了第三支柱登台的帷幕。个税改革将税基由薪酬扩充至综合收入，并明确了教育、养老等定向税收优惠扶持方向，这将为过去分散于理财和房产投资的资金转向养老金投资提供了政策助力(见图19-5)。

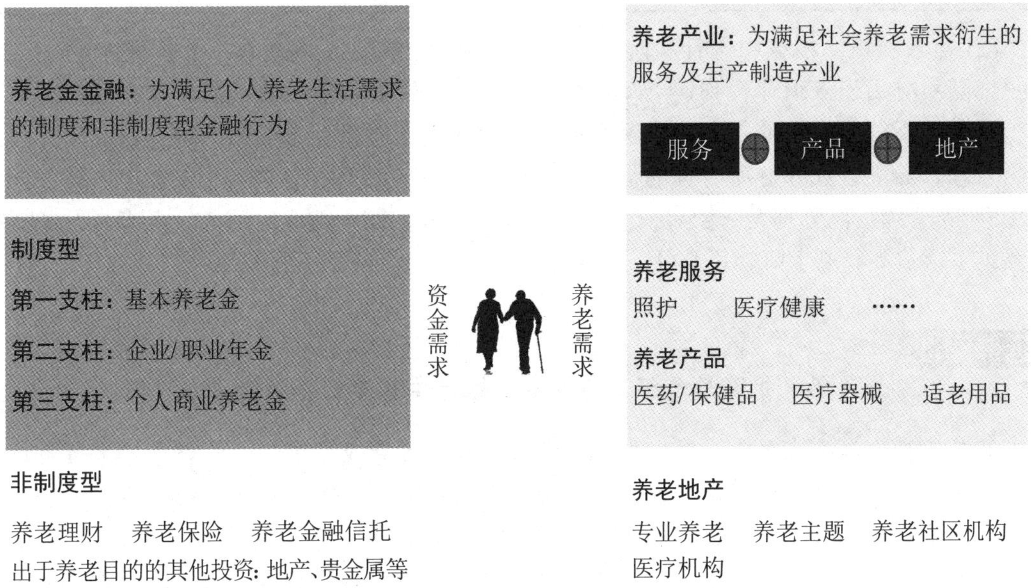

养老金金融：为满足个人养老生活需求的制度和非制度型金融行为	养老产业：为满足社会养老需求衍生的服务及生产制造产业
制度型 第一支柱：基本养老金 第二支柱：企业/职业年金 第三支柱：个人商业养老金	服务 ⊕ 产品 ⊕ 地产 **养老服务** 照护　医疗健康　…… **养老产品** 医药/保健品　医疗器械　适老用品
非制度型 养老理财　养老保险　养老金融信托 出于养老目的的其他投资：地产、贵金属等	**养老地产** 专业养老　养老主题　养老社区机构 医疗机构

图19-5 资金需求与养老需求

随着智能手机迅猛发展和高度普及，中国中老年群体也渐渐玩起手机，成为潮流达人。据悉，目前老年互联网用户已达中国老年人总数的20%，超过8000万人次。《老年用户移动互联网报告》显示，50岁以上移动互联网用户经常使用的前20个App中，深受中国年轻人喜爱的"抖音""全民K歌""美颜相机"等均有上榜。《爸妈的移动互联网生活报告》显示,随着移动支付和线上理财的普及,50岁以上的支付宝用户在余额宝平均存放近7000元,远超4000元的全国平均水平。全中国50岁以上的中老年"剁手党"已突破3000万。网购等消费行为,在中老年人群体中逐渐成为一种潮流。

想一想

你身边的老人现在都是如何养老的?请想象一下10年后和20年后人们养老的情形,会与现在有什么区别?对你而言,这意味着怎样的机会和挑战(见表19-9)?

表19-9 养老"刚需族"画像

		现在	10年后	20年后
采访对象				
身份特征				
养老刚需族画像	年龄段			
	养老金来源			
	养老地址			
	消费偏好			
	最大的痛点			
	从哪里获得财经信息			
	最看重金融机构的哪些服务			

(2) 需求特征。根据中国社科院发布的《中国养老产业发展白皮书》,未来的10～20年里,随着65后步入退休行列,老年群体中的许多人经济状况较好,属于"有钱有闲"一族,对各种新鲜事物有非常高的了解意愿和消费欲望,对养老生活的期望正在逐步提高,财富管理、养老管理和健康管理的需求也将显著增加并逐步产生重叠。中老年人在金融服务中存在6个痛点,分别是:资金安全与保值需求提升、网点排队时间长、养老金及各类费用缴纳手续费高、刷卡购物优惠低、增值服务覆盖不全、缺少情感关怀。

延伸阅读

第一批90后已经筹备养老　银行争相布局养老金融

90后逐步步入而立之年,第一批90后已经开始筹备养老。中国的人口老龄化问题日益突出,年轻人养老意识逐步增强,再加上国家的政策鼓励,市场对养老型产品的需求与日俱增,公募基金、银行、保险等金融机构纷纷入驻养老市场,且产品各有特色。

随着人口老龄化的日益严峻,依靠政府财政的养老产业逐渐力不从心,企业年金和个人养老市场的力量亟待发挥。未来,对养老产品的需求会日益增强,各方机构也会加紧布局,而有着一站式养老特征的目标日期型策略也将受到更多关注。

当前我国的养老体系包括三大支柱,长期以来由政府主导的第一支柱一直占据着我国养老产业的主导地位,而第二支柱和第三支柱则发展滞后,即第一支柱基本养老保险一支独大,财政负担较为沉重,而第二支柱的企业年金则规模较小,覆盖面狭窄,职业年金刚刚起步，第三支柱的个人养老金市场则基本处于空白，仍处在探索中，而在海外发达市场中，养老体系中的第二支柱和第三支柱占比则非常高。

为解决养老结构的不合理问题，近年来国家政策层面开始频频发力，银保监会、证监会等监管机构在2018年都发布了相关政策，如针对商业保险的《个人税收递延型商业养老保险资金运用管理暂行办法》，对养老保险产品的各个层面约束都做了规范化说明；针对公募基金层面的《养老目标证券投资基金指引(试行)》，则开启了对养老产业第三支柱的布局。

鉴于养老市场未来的发展空间广阔，新近成立的银行理财子公司在产品布局规划上，多数表示会把养老产品作为一个重要布局。如中银理财在开业仪式上，就提出要推出"稳富"系列产品，致力于为养老客群提供长期投资、策略稳健的理财产品，以金融力量落实国家养老服务发展部署。招银理财已推出两款养老型产品，尤其是其第二款养老产品——"招睿颐养五年封闭1号"，仅开售半天就宣布募集完成，募集资金达到10亿元上限。2020年2月19日，光大理财推出了首款公募理财产品"阳光金养老1号"，该产品定位于居民养老，投资策略上采用"固收+"策略，业绩比较基准设定为4.70%~6.10%。此外，"阳光金养老1号"在产品设计上还引入了流动性安排，即"产品成立满两年后，每年将向投资者返还25%的份额"，以满足投资者支付生活费用、医养费用、旅游费用等日常开销的需求，从而实现长期投资目标下的短期流动性安排。

广发银行在养老市场的布局较早，2016年便面向50岁以上的中老年客户推出了普惠金融养老产品"自在卡"，已为超过50万中老年客户提供优质的金融服务，也为广发银行在中老年客户的服务领域积累了丰富的经验。随着时代的发展，养老需求正逐渐从物质生活不足时的被动养老，向丰富老年生活的主动"享老"转变。为了满足不同客户的需求，广发银行对客群进行了细分研究，在"自在卡"五心服务体系基础上对产品和服务进行升级，推出"自在钻石卡"，这也是广发银行在养老金融细分领域的创新实践。成为"自在钻石卡"持卡人，就可以享受广发银行提供的一站式养老规划、专属的养老金融产品和银行服务，包括根据客户退休年限、储蓄目标、收益率等，进行定制化的养老资金规划。

华宝证券分析师张青表示：商业银行养老理财产品起步相对较晚，投资期限一般为一个季度、半年、1年、3年，主要投资于高流动性、短期固定收益类金融产品，产品类型多采用固定收益型，与市场上大多数理财产品之间存在同质化问题。对于银行系养老产品，其优势则在于：①非标投资，银行在非标投资领域的投资经验丰富，可以借助与对公企业的黏性，挖掘更好的非标投资品种，增厚收益来源；②银行客户资源丰富，发行渠道优势明显，并可以以账户为基础，更好地了解客户，通过大类资产配置，实现投资者的期限从短期向中长期和长期的递延，重构中国养老体系的顶层架构。

资料来源：21世纪经济报道，2020年6月22日(作者：叶麦穗)

延伸阅读

没有痛点就没有成交(No Pain No Sales)

金融行业最典型的"工种"是销售，做投资银行、做各种贷款、卖各种金融产品，说到底是把东西卖出去，它所需要的人脉、社会资源和沟通等软技巧(soft skills)远大于专业本身的门槛。本质上，金融行业比的是人的基本素质。

从事金融行业的人可以更及时、更清晰地感受到国家的发展和社会的变迁。想一想：央行"麻辣粉"（MLF[①]）的多与少将直接影响平民百姓的生活，商业银行、投资银行的业务覆盖越来越广，券商研报的内容越来越博大精深，财富管理似乎伴随着每个人的生命始终。这正是金融的魅力所在。

痛点和利益是一个硬币的两面，共生共存。通过痛点，筛选客户背后的需求；通过利益，激发客户背后的需求。

(3) 数字化营销方法。针对中老年客群，有以下两种数字化营销方法。

① 打感情牌。人到暮年后，人生阅历丰富，说教式的内容无法让其产生共鸣，必须从情感认同角度出发，对内容进行精心设计。例如，在视频制作中配上有年代感的老歌，在引用名人"金句"证明自己观点时多选用中老年人熟知的人物等。

② 发挥社群营销的威力。中老年客群更对MGM(客户转介客户)买账，因此，在第一层转发时务必找到在社群中有号召力和影响力的传播达人。

做一做

假如你接到了一项养老基金产品销售任务，基本材料如表19-10所示，请针对你身边的"养老刚需"一族，策划一次"养老基金"专题线上讲座。

表19-10 销售任务基本材料

项目	内容
产品名称	兴全安泰养老五年持有混合 (FOF)(010267)
基金经理	林国怀
管理人	兴证全球基金
锁定期	买入确认后锁定期5年，期间不可卖出

有关线上讲座的细节，可参考表19-11。

表19-11 线上讲座细节

类型	细节
主讲人(组合，人设特征)	—
邀约客户方式	—
线上讲座形式	直播、录播、动画、短视频及其他
主讲人台词脚本准备	控制时长

做一做

随堂练习：请针对"养老刚需"客户，就"年金保险可以转移长寿风险"这个主题，设计一段不超过100字的营销文案，并根据文案内容，制作一段15秒小视频。

[①] MLF(medium-term lending facility)，又称中期借贷便利，是央行提供中期基础货币的货币政策工具。中期借贷便利通过调节金融机构中期融资的成本，来对金融机构的资产负债表和市场预期产生影响，从而引导金融机构向符合国家政策导向的实体经济部门提供低成本资金，以降低实体经济的融资成本。

第二十章
基于特定产品的数字化营销方案设计

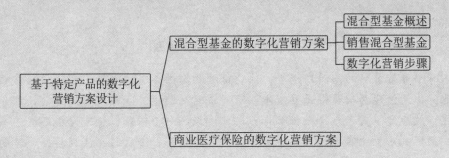

学习目标

1. 了解基金、保险等金融产品特殊属性及销售注意事项
2. 掌握制定目标的SMART法则
3. 掌握内容营销

一、混合型基金的数字化营销方案

1. 混合型基金概述

混合型基金是在投资组合中既有成长型股票、收益型股票，又有债券等固定收益投资的共同基金。混合型基金设计的目的是让投资者通过选择一款基金品种实现投资的多元化，而无须分别购买风格不同的股票型基金、债券型基金和货币市场基金。混合型基金会同时使用激进和保守的投资策略，其回报和风险要低于股票型基金，高于债券和货币市场基金，是一种风险适中的理财产品。一些运作良好的混合型基金回报甚至超过股票基金的水平。

2019年以来，中国资本市场改革持续深化，政策环境进一步优化，创业板注册制改革大力推进，在全球"低利率+资产荒"背景下，中国资产的估值优势凸显，高净值人群大幅增持了包括基金在内的资本市场产品。Wind资讯统计显示，2020年公募基金存量规模突破18万亿元，同比增长26%，较2019年年底增加4万亿元，创造了历史新高。

2. 销售混合型基金

对于金融机构而言，销售混合型基金既是丰富产品货架满足客户财富保值增值需要的必然选择，也是金融机构增加中间业务收入来源的重要举措。

3. 数字化营销步骤

作为金融行业从业人员，全方位了解基金产品特征、向适当的客户销售与其风险承受能力相匹配的基金是一项极为重要的基本功。具体来讲，其可分为目标分解、客户盘点、营销活动策划、销售管理4个步骤。

(1) 目标分解。在接受一项销售任务时，作为一个团队负责人，首先要想到的就是分解目标。但分解目标不能简单地套用"总任务/人数=每人任务数"这个公式，必须按照SMART法则做好任务分解。

延伸阅读

制定目标的SMART法则

日本有个非常著名的马拉松选手，他获得过两次世界级的冠军。在接受采访的时候，记者问他，你为何能两次获得世界冠军？有何诀窍？他说，我每次在比赛前，都会仔细地勘察路线，然后定下若干个阶段性目标，比如途经的一个银行、一个电视塔、一家医院，甚至是一家便利店。比赛开始后，他先全力以赴冲向第一个目标，实现后，再冲向第二个目标，以此，最终达到终点。

把大目标分解成阶段性的小目标，不仅可以让团队和员工消除畏难情绪，在完成一个阶段性目标后起到一定的激励作用，也可以通过阶段性任务完成情况，不断调整，修正最终目标。

1954年，著名的管理学大师，彼得·德鲁克提出了著名的管理方法——"目标管理"。在制定目标时，需要遵守SMART原则。具体含义如下：

- 绩效指标必须是具体的(specific)；
- 绩效指标必须是可以衡量的(measurable)；
- 绩效指标必须是可以达到的(attainable)；
- 绩效指标是要与其他目标有一定的相关性(relevant)；
- 绩效指标必须具有明确的截止期限(time-bound)。

无论是制定团队的工作目标还是员工的绩效目标，都必须符合上述原则，5个原则缺一不可。制定目标的过程也是自身能力不断提高的过程。

(2) 客户盘点。盘点客户是开展销售的基础。混合型基金目标客户大致有以下几类典型特征。一是理财意识较强、有一定风险承受能力的客户，许多人已经养成了良好的基金定投习惯，并且从基金投资中尝到了甜头。二是没有接触过基金，但在周围人基金财富效应带动下，非常渴望参与基金投资的客户，他们一方面希望获得更多的收益，另一方面怕麻烦、怕亏钱、对市场波动充满畏惧。三是多次购买基金但被套牢，甚至目前还在亏损状态的客户。在开展混合基金销售之前，销售人员必须先了解自己负责维护的客户中各种类型客户的数量和占比，搞清楚客户的资产状况和心理状态，然后制订计划。

(3) 营销活动策划。营销活动策划环节主要解决的问题是向目标客户有效传递产品信息，发挥专业优势，促成客户购买目标产品。销售人员需要对来自基金公司的宣传材料(电子海报、折页、基金经理线上直播、公司和基金经理个人所获奖项等)进行整合，按照新媒体运营的方法，针对目标客群的线上活跃时间、关注焦点、问题"痛点"进行多种组合，让合适的客户在合适的时间、合适的渠道了解产品信息，并产生购买的欲望，最终在销售人员"临门一脚"的指导和帮助下，完成购买产品的终极目标。需要特别指出的是，把基金产品销售给客户只是客户服务全流程的一个新起点，随着市场波动，基金净值有低于发行价产生亏损的风险。因此，销售人员一定要做好后续服务，把相关基金的最新变化(如基金经理的更换、重大调仓操作等)告知客户，提醒客户及时止盈或止损等，而这样的售后服务承诺已经成为越来越多的基金营销活动策划环节中的新亮点。

(4) 销售管理。销售管理既要看结果，也要重视过程。结果指标反映是否完成了销售任务，而过程指标却可以清晰显示怎么做才能完成目标，用管理过程指标撬动业绩结果，是销售管理的核心。金融产品销售的过程管理中，客户触达数量和目标客户有效触达率是关键，可以围绕这两个目标，结合目标客户的网上行为特征(如活跃时间、常用媒体、兴趣爱好、关注话题等)开展一系列营销策划。

延伸阅读

"口红一哥"李佳琦的销售管理

2019年三八妇女节，李佳琦在淘宝大学达人学院直播教学卖口红，直播观看量18.93万，成交23000单，成交金额353万。2018年双十一期间，李佳琦跟马云PK直播卖口红，5分钟卖出15000支，秒杀马云的同时，记录至今无人能破，人送外号"口红一哥"。截至2021年1月27日，李佳琦抖音号已有粉丝4530.6万，获得3亿次点赞。

李佳琦凭借KOL(关键意见领袖，key opinion leader)身份带货取得了巨大成功。从产品销售过程来看，每一场直播前都进行了充分的准备和宣传，通过"饥饿营销"造势，让每个进入直播间的人都充满了期待。从成交率(=观看直播人数/成交单数)来看，2019年三八妇女节销售成交率最高，为12%，人均消费153元。李佳琦的成功关键因素是"客户触达量"。

互联网销售的产能绩效公式为

总产能 = $M \times A \times E$

其中：M为market，即按件计算的平均产能，简称件均产能；A为activity，即客户触达量；E为effectiveness，即成交率。在相同件均产能的市场环境下，客户触达量越大，整体绩效产能越高；通过客户触达实现的成交率越高，整体产能就能大幅提升。

二、商业医疗保险的数字化营销方案

保险的目的是什么？为什么要买保险？最直接的答案是：当我面临的风险超出我的经济能力的时候，可以通过买保险的方式把风险转移出去。有哪些风险是需要通过保险来规避的？对于生活中的小风险，例如感冒、发烧、手指划破等小伤小病，其经常发生，但是给我们带来的损失很小，我们无须购买保险。对于一些极端风险，如意外、重大疾病，以及未到重疾程度的轻症或者一些慢性病等，其会给病者及家庭带来沉重的经济负担和生活危机，我们可以通过购买相关保险获得一定的保障。商业医疗保险主要是应对大病风险，凭票报销住院医疗费，相当于进阶版的社保。与社保不同之处在于，商业医疗保险可以涵盖社保无法报销的进口药、自费项目等费用，保障额度更加灵活，可以将因生病造成的风险收入损失降到最低。

下面以某人寿保险公司为例，通过对营销现状、市场环境等进行分析，制订新型的数字化营销方案。

某人寿保险公司的新型数字化营销方案

一、公司概况及营销现状

某人寿保险有限责任公司成立于1996年，截至2019年底公司总资产8200亿元，母公司是世界500强企业。某保险公司覆盖了中国内地所有省级行政单位，营销队伍将近7万人，累计服务个人客户1.35亿人，累计赔付件数383万件，赔付金额241亿元。位列亚洲寿险十强第八，中国寿险十强第四。某保险公司在人寿保险市场面临的竞争主要包括两个方面，一方面是同一行业竞争，主要包括不同人寿保险公司之间的险种、保费、服务质量和价格水平等方面的竞争；另一方面是不同行业的竞争，主要指寿险行业与其他行业相比的资金转移方面的竞争。此外，随着"互联网＋"的发展，近年来还出现了"轻松筹""相互保"等新型竞争者，作为一种互助共济的机制，目前虽然由于各方面的限制难以与保险公司正面竞争，但是将来可能是一个潜在的对手。

某保险公司的营销现状可以通过产品策略、定价策略、渠道策略和促销策略4个方面进行分析。在产品策略方面，某保险公司主要售卖两款疾病险和一款年金险产品，由于整体保险市场的产品同质化严重，与同行业其他保险公司相比没有明显优势。在定价策略方面，某保险公司的产品定价整体处于中等水平。过去人们在比较不同保险产品时，关注的主要是经济补偿，而现在不仅包括经济补偿，还包括各类附加功能。比如保险公司与医院联网合作，不仅可以在费用阶段直接垫付客户的治疗费用，还可以增加包括专家门诊、预约病床、绿色通道在内的多种特色服务，成为公司品牌特色的一部分。在渠道策略方面，某保险公司目前营销渠道还是以个人代理制为主。目前，保险代理人队伍的整体文化素质不高，学历在高中及以下的超过90%。另外，由于公司对保险代理人实施以业务业绩为主的晋升机制，导致目前忽视了对整体代理人队伍文化及金融素养的培训。在促销策略方面，某保险公司的广告投入较少，仅投放了电视广告，且在非黄金时段播放；同时，其销售方式以人员推销为主。

二、营销业务中的问题与解决建议

通过调查发现，某保险公司营销业务主要存在4个方面的问题，包括产品相对单一、定价差异化较小、人员素质偏低，以及促销手段不足。而在如今大数据时代的背景下，可以依托大数据针对这几个方面的问题提出解决建议。

1. 产品相对单一

某保险公司目前主要的保险产品只有四大类，包括一类养老型理财保险、两类重疾类保障型保险和一类高端医疗险。较少的保险产品分类导致营销时无法满足顾客的个性化需求。例如有时客户想要的保险计划需要两个保单结合完成，但是保险责任又会出现重合，导致无法精准匹配顾客需求。

针对该问题，可以通过大数据来分析设计保费条款，明晰消费者的细分需求，适时推

出相应的产品来支持保险业务规划，帮助公司进行市场决策。

2. 定价差异化较小

某保险公司目前对于同一个保险险种定价的差异仅仅体现在年龄和性别方面，对于客户自身身体状况的差异化问题，该公司目前还没有进行加费承保的区分。例如某些客户本身有吸烟酗酒的习惯，那么其身体出问题导致日后出险的概率就会更高。

针对该方面的问题，可以通过大数据利用外部信息完善消费者画像，从而进行全方位的助力核保。例如投保前结合被保人的线上行为、既往保险信息、历年体检数据等评估保单风险，从而进行个性化、差异化定价。此外，还可结合投保人和被保人的消费、信用等外部信息，分析保险欺诈风险，减少不必要的理赔。

3. 人员素质偏低

某保险公司在营销团队建设方面存在注重数量、不注重质量的情况，业务员的留存率低，导致业务培训成本与难度上升，管理也更加困难。而对于客户而言，保单服务人员的更换也会导致客户服务的质量不稳定，使企业形象受到影响。

针对该方面的问题，可以通过大数据分析不同地区的业务员遇到的不同问题，针对地区、险种等进行有针对性的培训以及设计测试内容。

4. 促销手段不足

虽然某保险公司已经是世界500强公司，但是公司对于品牌的整体宣传力度远远不够，大多数普通群众更加熟悉四大国有保险公司，这直接导致在营销过程中难以给客户留下良好的第一印象。

利用大数据，一方面可以探索合适的营销宣传方式。网络时代宣传方式多种多样，如何找出一个最适合该公司的宣传方式，甚至进一步为每种产品设计不同的宣传方式，是大数据时代公司营销的核心。另一方面要从客户入手，通过海量数据比较不同年龄、性别、地区等客户标签的保险购买行为，针对不同的客户量身定做，推出不同的保险产品。

做一做

随堂练习：请按照"目标分解—客户盘点—营销活动策划—销售管理"的步骤，针对以下某银行代销的商业医疗保险产品(见表20-1)，制订一份销售计划。

表20-1　某银行代销的商业医疗保险产品的产品亮点

序号	产品亮点
1	最高400万额度，大病医疗不发愁
2	6年保证续保，多种增值服务(三甲医院预约挂号、专家线上咨询等)
3	性价比高，30岁的保费为232元/年

延伸阅读

"双11"火了退货运费险，物流保险比物流业滞后

日前，部分电商平台启动预售，2017年"双11"正式拉开序幕。在"剁手"的过程中，消费者逐渐习惯购买"退货运费险"。由于冲动消费及网购纠纷增加，"双11"期间

发生的退货行为较平日上升,因此在这一时期,"退货运费险"的销售量也会激增。《每日经济新闻》记者经梳理发现,在过去4年中,华泰保险与众安保险是"退货运费险"的承保主力。

而"退货运费险"只是物流环节的一环。慧择网相关负责人在接受《每日经济新闻》记者采访时指出,相比于物流业的蓬勃发展,我国物流保险发展得非常滞后。物流保险产品单一、物流保费不合理也在一定程度上影响该险种的推广。事实上,潜在的市场空间让物流公司不愿错过这块"蛋糕"。近期,"三通一达"联合宣布将设立专业的物流保险公司。

"退货运费险"高歌猛进

自概念提出至今,"双11"始终在不断打破自身创造的纪录。据官方统计,2016年11月11日当天,天猫平台的成交量达到1207亿元。值得注意的是,在确认订单前,不少消费者已经习惯勾选投保"退货运费险"。由于"双11"期间冲动消费、虚假宣传及物流纠纷增加,能够弥补退货运费损失的"退货运费险"往往会"火一把"。

据《每日经济新闻》记者梳理,2013年前,承保"退货运费险"的主要是华泰保险。早在2010年,华泰保险就开始与淘宝保险合作,在当时的淘宝商城交易线"嵌入式"运营"退货运费险"。2012年"双11",华泰保险承保的"退货运费险"当日保费收入超过1000万元;2013年"双11",这一数据为单日成交1.5亿笔,保费收入近9000万元。

2014年的"双11",阿里巴巴参投的众安保险开始承保"退货运费险"。凭借强大的平台优势,11月11日全天,众安保险承保的保险保单量突破1.5亿,保费突破1亿元,这一保单量级在当时创造了保险行业单日保单数的历史纪录。此后,"退货运费险"在"双11"一路高歌猛进。2015年"双11",退货运费险当天的销售数据为3.08亿笔,华泰保险、众安保险和太保共同创造了这一销售记录。

2016年,国泰产险等保险公司也纷纷参与到了"双11""退货运费险"销售中。众安保险在2016年将"退货运费险"的保障范围扩大到全电商平台,名为"任性险",投保该险种后,消费者在国内任何电商平台购买商品,均可享受任性退的退货服务。

数据显示,以"退货运费险"起家的众安保险,自2013年10月成立起至2016年12月31日,累计销售72亿份保单,服务客户数约4.92亿,对于传统保险公司而言,这组数据十分惊人。

物流保险潜力有待挖掘

业内人士指出,近几年,伴随电商行业的迅猛发展,物流行业在我国也迅速崛起,物流行业中的风险也在不断加大,这为物流保险的发展提供了很好的机遇。

慧择网相关负责人告诉《每日经济新闻》记者:"我国物流保险发展得相对滞后,主要原因包括三个方面:第一,物流法规不完善;第二,法规、信任等问题导致物流保险产品单一;第三,物流行业的特殊性导致物流保费计算存在一些不合理现象,导致保费高昂,在一定程度上影响该险种的推广。"

尽管定价模式和风控机制仍待完善,但"退货运费险"的火爆程度还是让市场看到了以物流环节为标的的保险产品的潜力。本身就是"局中人"的快递公司自然不甘落后。10

人员"临门一脚"的指导和帮助下,完成购买产品的终极目标。需要特别指出的是,把基金产品销售给客户只是客户服务全流程的一个新起点,随着市场波动,基金净值有低于发行价产生亏损的风险。因此,销售人员一定要做好后续服务,把相关基金的最新变化(如基金经理的更换、重大调仓操作等)告知客户,提醒客户及时止盈或止损等,而这样的售后服务承诺已经成为越来越多的基金营销活动策划环节中的新亮点。

(4) 销售管理。销售管理既要看结果,也要重视过程。结果指标反映是否完成了销售任务,而过程指标却可以清晰显示怎么做才能完成目标,用管理过程指标撬动业绩结果,是销售管理的核心。金融产品销售的过程管理中,客户触达数量和目标客户有效触达率是关键,可以围绕这两个目标,结合目标客户的网上行为特征(如活跃时间、常用媒体、兴趣爱好、关注话题等)开展一系列营销策划。

延伸阅读

"口红一哥"李佳琦的销售管理

2019年三八妇女节,李佳琦在淘宝大学达人学院直播教学卖口红,直播观看量18.93万,成交23000单,成交金额353万。2018年双十一期间,李佳琦跟马云PK直播卖口红,5分钟卖出15000支,秒杀马云的同时,记录至今无人能破,人送外号"口红一哥"。截至2021年1月27日,李佳琦抖音号已有粉丝4530.6万,获得3亿次点赞。

李佳琦凭借KOL(关键意见领袖,key opinion leader)身份带货取得了巨大成功。从产品销售过程来看,每一场直播前都进行了充分的准备和宣传,通过"饥饿营销"造势,让每个进入直播间的人都充满了期待。从成交率(=观看直播人数/成交单数)来看,2019年三八妇女节销售成交率最高,为12%,人均消费153元。李佳琦的成功关键因素是"客户触达量"。

互联网销售的产能绩效公式为

总产能 = $M \times A \times E$

其中:M为market,即按件计算的平均产能,简称件均产能;A为activity,即客户触达量;E为effectiveness,即成交率。在相同件均产能的市场环境下,客户触达量越大,整体绩效产能越高;通过客户触达实现的成交率越高,整体产能就能大幅提升。

二、商业医疗保险的数字化营销方案

保险的目的是什么?为什么要买保险?最直接的答案是:当我面临的风险超出我的经济能力的时候,可以通过买保险的方式把风险转移出去。有哪些风险是需要通过保险来规避的?对于生活中的小风险,例如感冒、发烧、手指划破等小伤小病,其经常发生,但是给我们带来的损失很小,我们无须购买保险。对于一些极端风险,如意外、重大疾病,以及未到重疾程度的轻症或者一些慢性病等,其会给病者及家庭带来沉重的经济负担和生活危机,我们可以通过购买相关保险获得一定的保障。商业医疗保险主要是应对大病风险,凭票报销住院医疗费,相当于进阶版的社保。与社保不同之处在于,商业医疗保险可以涵盖社保无法报销的进口药、自费项目等费用，保障额度更加灵活，可以将因生病造成的风险收入损失降到最低。

下面以某人寿保险公司为例，通过对营销现状、市场环境等进行分析，制订新型的数字化营销方案。

某人寿保险公司的新型数字化营销方案

一、公司概况及营销现状

某人寿保险有限责任公司成立于1996年，截至2019年底公司总资产8200亿元，母公司是世界500强企业。某保险公司覆盖了中国内地所有省级行政单位，营销队伍将近7万人，累计服务个人客户1.35亿人，累计赔付件数383万件，赔付金额241亿元。位列亚洲寿险十强第八，中国寿险十强第四。某保险公司在人寿保险市场面临的竞争主要包括两个方面，一方面是同一行业竞争，主要包括不同人寿保险公司之间的险种、保费、服务质量和价格水平等方面的竞争；另一方面是不同行业的竞争，主要指寿险行业与其他行业相比的资金转移方面的竞争。此外，随着"互联网+"的发展，近年来还出现了"轻松筹""相互保"等新型竞争者，作为一种互助共济的机制，目前虽然由于各方面的限制难以与保险公司正面竞争，但是将来可能是一个潜在的对手。

某保险公司的营销现状可以通过产品策略、定价策略、渠道策略和促销策略4个方面进行分析。在产品策略方面，某保险公司主要售卖两款疾病险和一款年金险产品，由于整体保险市场的产品同质化严重，与同行业其他保险公司相比没有明显优势。在定价策略方面，某保险公司的产品定价整体处于中等水平。过去人们在比较不同保险产品时，关注的主要是经济补偿，而现在不仅包括经济补偿，还包括各类附加功能。比如保险公司与医院联网合作，不仅可以在费用阶段直接垫付客户的治疗费用，还可以增加包括专家门诊、预约病床、绿色通道在内的多种特色服务，成为公司品牌特色的一部分。在渠道策略方面，某保险公司目前营销渠道还是以个人代理制为主。目前，保险代理人队伍的整体文化素质不高，学历在高中及以下的超过90%。另外，由于公司对保险代理人实施以业务业绩为主的晋升机制，导致目前忽视了对整体代理人队伍文化及金融素养的培训。在促销策略方面，某保险公司的广告投入较少，仅投放了电视广告，且在非黄金时段播放；同时，其销售方式以人员推销为主。

二、营销业务中的问题与解决建议

通过调查发现，某保险公司营销业务主要存在4个方面的问题，包括产品相对单一、定价差异化较小、人员素质偏低，以及促销手段不足。而在如今大数据时代的背景下，可以依托大数据针对这几个方面的问题提出解决建议。

1. 产品相对单一

某保险公司目前主要的保险产品只有四大类，包括一类养老型理财保险、两类重疾类保障型保险和一类高端医疗险。较少的保险产品分类导致营销时无法满足顾客的个性化需求。例如有时客户想要的保险计划需要两个保单结合完成，但是保险责任又会出现重合，导致无法精准匹配顾客需求。

针对该问题，可以通过大数据来分析设计保费条款，明晰消费者的细分需求，适时推出相应的产品来支持保险业务规划，帮助公司进行市场决策。

2. 定价差异化较小

某保险公司目前对于同一个保险险种定价的差异仅仅体现在年龄和性别方面，对于客户自身身体状况的差异化问题，该公司目前还没有进行加费承保的区分。例如某些客户本身有吸烟酗酒的习惯，那么其身体出问题导致日后出险的概率就会更高。

针对该方面的问题，可以通过大数据利用外部信息完善消费者画像，从而进行全方位的助力核保。例如投保前结合被保人的线上行为、既往保险信息、历年体检数据等评估保单风险，从而进行个性化、差异化定价。此外，还可结合投保人和被保人的消费、信用等外部信息，分析保险欺诈风险，减少不必要的理赔。

3. 人员素质偏低

某保险公司在营销团队建设方面存在注重数量、不注重质量的情况，业务员的留存率低，导致业务培训成本与难度上升，管理也更加困难。而对于客户而言，保单服务人员的更换也会导致客户服务的质量不稳定，使企业形象受到影响。

针对该方面的问题，可以通过大数据分析不同地区的业务员遇到的不同问题，针对地区、险种等进行有针对性的培训以及设计测试内容。

4. 促销手段不足

虽然某保险公司已经是世界500强公司，但是公司对品牌的整体宣传力度远远不够，大多数普通群众更加熟悉四大国有保险公司，这直接导致在营销过程中难以给客户留下良好的第一印象。

利用大数据，一方面可以探索合适的营销宣传方式。网络时代宣传方式多种多样，如何找出一个最适合该公司的宣传方式，甚至进一步为每种产品设计不同的宣传方式，是大数据时代公司营销的核心。另一方面要从客户入手，通过海量数据比较不同年龄、性别、地区等客户标签的保险购买行为，针对不同的客户量身定做，推出不同的保险产品。

做一做

随堂练习：请按照"目标分解—客户盘点—营销活动策划—销售管理"的步骤，针对以下某银行代销的商业医疗保险产品(见表20-1)，制订一份销售计划。

表20-1　某银行代销的商业医疗保险产品的产品亮点

序号	产品亮点
1	最高400万额度，大病医疗不发愁
2	6年保证续保，多种增值服务（三甲医院预约挂号、专家线上咨询等）
3	性价比高，30岁的保费为232元/年

延伸阅读

"双11"火了退货运费险，物流保险比物流业滞后

日前，部分电商平台启动预售，2017年"双11"正式拉开序幕。在"剁手"的过程中，消费者逐渐习惯购买"退货运费险"。由于冲动消费及网购纠纷增加，"双11"期间

发生的退货行为较平日上升，因此在这一时期，"退货运费险"的销售量也会激增。《每日经济新闻》记者经梳理发现，在过去4年中，华泰保险与众安保险是"退货运费险"的承保主力。

而"退货运费险"只是物流环节的一环。慧择网相关负责人在接受《每日经济新闻》记者采访时指出，相比于物流业的蓬勃发展，我国物流保险发展得非常滞后。物流保险产品单一、物流保费不合理也在一定程度上影响该险种的推广。事实上，潜在的市场空间让物流公司不愿错过这块"蛋糕"。近期，"三通一达"联合宣布将设立专业的物流保险公司。

"退货运费险"高歌猛进

自概念提出至今，"双11"始终在不断打破自身创造的纪录。据官方统计，2016年11月11日当天，天猫平台的成交量达到1207亿元。值得注意的是，在确认订单前，不少消费者已经习惯勾选投保"退货运费险"。由于"双11"期间冲动消费、虚假宣传及物流纠纷增加，能够弥补退货运费损失的"退货运费险"往往会"火一把"。

据《每日经济新闻》记者梳理，2013年前，承保"退货运费险"的主要是华泰保险。早在2010年，华泰保险就开始与淘宝保险合作，在当时的淘宝商城交易线"嵌入式"运营"退货运费险"。2012年"双11"，华泰保险承保的"退货运费险"当日保费收入超过1000万元；2013年"双11"，这一数据为单日成交1.5亿笔，保费收入近9000万元。

2014年的"双11"，阿里巴巴参投的众安保险开始承保"退货运费险"。凭借强大的平台优势，11月11日全天，众安保险承保的保险保单量突破1.5亿，保费突破1亿元，这一保单量级在当时创造了保险行业单日保单数的历史纪录。此后，"退货运费险"在"双11"一路高歌猛进。2015年"双11"，退货运费险当天的销售数据为3.08亿笔，华泰保险、众安保险和太保共同创造了这一销售记录。

2016年，国泰产险等保险公司也纷纷参与到了"双11""退货运费险"销售中。众安保险在2016年将"退货运费险"的保障范围扩大到全电商平台，名为"任性险"，投保该险种后，消费者在国内任何电商平台购买商品，均可享受任性退的退货服务。

数据显示，以"退货运费险"起家的众安保险，自2013年10月成立起至2016年12月31日，累计销售72亿份保单，服务客户数约4.92亿，对于传统保险公司而言，这组数据十分惊人。

物流保险潜力有待挖掘

业内人士指出，近几年，伴随电商行业的迅猛发展，物流行业在我国也迅速崛起，物流行业中的风险也在不断加大，这为物流保险的发展提供了很好的机遇。

慧择网相关负责人告诉《每日经济新闻》记者："我国物流保险发展得相对滞后，主要原因包括三个方面：第一，物流法规不完善；第二，法规、信任等问题导致物流保险产品单一；第三，物流行业的特殊性导致物流保费计算存在一些不合理现象，导致保费高昂，在一定程度上影响该险种的推广。"

尽管定价模式和风控机制仍待完善，但"退货运费险"的火爆程度还是让市场看到了以物流环节为标的的保险产品的潜力。本身就是"局中人"的快递公司自然不甘落后。10

月13日,四大快递巨头——韵达股份、申通快递、圆通快递和中通快递宣布,将设立中邦保险,进军专业的物流保险市场。

对于"三通一达"建立保险公司,业内人士表示:"从天然属性看,他们比较熟悉物流业务的各个环节,了解物流上的需求,可以开发出适合物流公司的产品,同步降低物流保险公司的负担,有助于完善物流保险产品和进行产品创新。"此外,这可以打破当下物流行业与保险业之间缺乏信任这一僵局,以平台化方式确保产品服务的多样化、定制化、权益化,打破隔膜,促进物流保险市场的发展。

资料来源:每日经济新闻. http://www.nbd.com.cn/articles/2017-10-31/1157465.html, 2017-10-31

任务五
基于特定情景的数字化营销方案设计

第二十一章
特定情景下的数字化营销方案

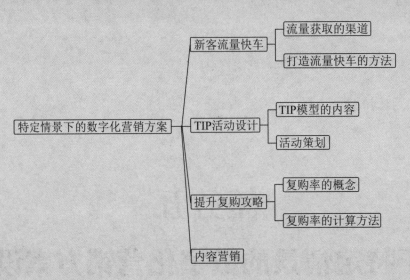

学习目标

1. 了解打造"流量快车"的基本方法
2. 掌握TIP活动设计原则和应用方法
3. 了解复购策略的重要性和实施方法
4. 掌握营销内容设计的基本要素

一、新客流量快车

(一) 流量获取的渠道

互联网世界统计(IWS)数据显示,2011—2020年,世界互联网用户数量持续高速增长,截至2020年5月31日,世界互联网用户已经达到46.48亿人,占世界人口比重达到59.6%。进入21世纪后,世界互联网用户数量增长了近两倍。中国互联网络信息中心(CNNIC)发布的第47次《中国互联网络发展状况统计报告》显示,截至2020年12月,中国互联网用户数量为9.89亿,占全球网民的1/5左右,近10亿网民构成了全球最大的数字社会。

在移动互联网世界里有很多看不见的手在引导着网民情绪、舆论走向、线上消费的方向,"流量为王"是其中一条黄金法则。流量的本意是指连接网络的设备在网络上所产生的数据流量,而今的流量早已变为了"人",无论是电商平台商品销量、网红主播的观看量、视频软件高播放量等,都代表人气值的高低。百度在PC时代能位列"三霸"之一,主要靠的就是掌握PC端的最主要流量入口——搜索引擎，"携流量以令各界，莫敢不从"。流量即入口，用户即金钱，必须先把流量做上去，才有机会思考后面发展的问题，否则连生存下来的机会都没有。任何一个互联网产品，只有用户活跃数量达到一定程度，才会开始产生质变，从而带来价值或商机。

(二) 打造流量快车的方法

打造"流量快车"，有"带""换""买""做""造"5种方法，具体如表21-1所示。

表21-1 打造流量快车的5种方法

	方法	释义	推广速度	转化速度
流量快车	带	客户转介带流量	慢	快
	换	异业合作换流量	快	中
	买	各大渠道买流量	快	慢
	做	SEO(搜索引擎优化)做流量	中	慢
	造	线上社群造流量	中	快

截至2020年9月，抖音公开表示连同抖音火山版在内，抖音日活(DAU)突破6亿。面对如此庞大的用户基数，各家金融机构也纷纷入驻抖音，在短视频领域展开新的比拼，各家银行各有定位，有走才艺路线的，有走情感路线的，还有一些走品牌宣传路线的，我们看一下表21-2的数据(仅选取粉丝数量在20万以上的银行，数据截至2021年2月23日17:00)。

表21-2 各家银行的抖音数据(粉丝数量20万以上)

银行	抖音号	有无认证	粉丝量(万)
农村商业银行	HT瞳(银行小姐姐)	无	416.4
招商银行	招商银行	有	170.5
招商银行	招商银行App	有	136.9
中信银行	中信银行信用卡客服	有	124.2
中国银行保险业协会	中国银行保险报	有	73.6
微众银行	微众银行生意圈	无	70.9
晋城银行	行长爱跳舞	无	54.8
中信银行	中信银行	有	53.2
平安银行	平安银行信用卡	有	39.6
建设银行	建设银行郑州文博支行	有	38.1
建设银行	银行小姐姐	无	35.2
建设银行	中国建设银行	有	34.8
建设银行	建设银行南昌分行	有	32.1
招商银行	银行小姐姐要上天	无	29.1

续表

银行	抖音号	有无认证	粉丝量(万)
农商银行	青岛农商银行	有	25.1
百信银行	可AI的百信银行	有	24.9
平安银行	银行姑娘小朱	无	23.6
华兴银行	广东华兴银行	有	23.3
网商银行	网商银行	有	20.3
邮储银行	邮储银行深圳分行	有	20

从表中可以看出，各家银行的定位不同，运营效果也不同，有的银行账号仅有数百粉丝。其中认证账号中招商银行、中信银行、平安银行在短视频运营方面堪称佼佼者；还有一些没有认证的账号，以个人或者网点为单位运营，效果也非常突出，为所在网点和银行带来新的流量及客户。

对比银行的抖音号，我们发现关注度较高的并不是我们认为的传统保险机构，大多是保险及保险经纪公司或平台。他们发掘目标用户的痛点与需求，基于需求制作相应的视频内容进行传播，很多账号的内容为保险知识普及观点输出，吸引有相关需求的用户点击和关注。表21-3仅选取粉丝数量在20万以上的保险及保险经纪公司或平台，数据截至2021年2月23日17:00。

表21-3　保险及保险经纪公司或平台的抖音数据(粉丝数量20万以上)

抖音号	所属公司	有无认证	粉丝量(万)
牛先森保障	云禾科技(北京)有限公司	有	420.1
多保鱼选保险	多保鱼保险经纪有限公司	有	380.5
众安保险	众安保险	有	333.8
懂保爷科普	上海斗测信息科技有限公司	有	255.5
深蓝保	深圳立安保险经纪有限公司	有	172.3
保险一点通	上海易保文化传媒有限公司	有	126.8
安心保险	安心财产保险有限责任公司	有	117.5
水滴保险商城	水滴保险经纪有限公司	有	112.8
蜗牛保险	蜗牛保险	有	106.8
中国医疗保险	《中国医疗保险》杂志社	有	90.0
小帮保险经纪	小帮保险经纪有限公司	有	79.9
中国银行保险报	中国银行保险报	有	73.7
Tker保险	泰康在线财产保险股份有限公司	有	62.1
大白保险评测	慧择保险经纪有限公司	有	57.1
蜗牛保险2频道	蜗牛保险	无	52.8
保险驾到	保险驾到	有	45.9
蜗牛保险4频道	蜗牛保险	无	38.9
保通保险课堂	保通保险	有	38.8
小雨伞保险	小雨伞保险经纪有限公司	有	36.7
蜗牛保险3频道	蜗牛保险	无	27.4

续表

抖音号	所属公司	有无认证	粉丝量(万)
泰康在线保险	泰康在线保险	有	24.4
云保险攻略	保通保险代理有限公司	有	22.8
蜗牛保险 13 频道	蜗牛保险	有	22.4
保险说	心有灵犀保险代理有限公司	有	20.0

做一做

随堂练习：请选择两家银行，观察其过去一个月内的线上流量增长情况，分析流量获取的渠道和增加的原因，可参考表21-4所示的表格进行观察。

表21-4 线上流量增长情况及原因分析

	线上流量(粉丝数量) (微博/微信/抖音/ 知乎/小红书/快手等)	增长情况及原因分析
银行		
证券		
保险		
信托		
基金		

二、TIP活动设计

(一) TIP模型的内容

在移动互联时代，"酒香更怕巷子深"，诚心诚意酿出的美酒，如果只是安静地在空气中散发酒香，"宅男宅女"是闻不到的，这时候需要"一只手"把潜在的客户拉进来，让他们有机会尝试美酒。"这只手"就是线上营销活动。在金融产品销售过程中，线上营销活动尤其重要，主要实现目标是：吸引用户关注、提高客户贡献、强化客户认同。初学者可以按照TIP模型(见图21-1)进行活动设计。

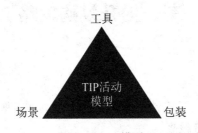

图21-1 TIP模型

(1) 互动场景(interaction)：抽奖、满送、秒杀、邀请、拼团、排名、竞猜、打卡。
(2) 营销工具(tools)： 现金红包、折扣券、体验券、满减券、增值服务等。
(3) 内容包装(pack)：故事、人群、场景、渠道、设计。

案例分析

支付宝"集五福"活动

支付宝集五福,是2016年春节期间诞生的一个支付宝互动小游戏,目的是吸引更多的用户使用支付宝软件,同时促进支付宝用户之间的社交活动。经过三年的时间,这个小游戏成了不少用户惦记的一份年味,一种新年俗。福文化也因此在更多人中传递开来。为了扫福集福,老年人贴起传统福字,年轻人则大开脑洞,用牙签、口红,甚至鸡骨头摆出福字。2021年1月25日,支付宝官方发布预告:2021年集五福活动于2月1日0点上线。2021年支付宝新增写福字玩法,用户可以在支付宝搜"写福字",通过小程序手写福字,还可以选择免费打印、包邮到家服务;用户也可以上传福字,晒出的福字还有机会出现在2021年五福的彩蛋卡上。集五福正式开启后,围绕写福字的更多趣味玩法陆续上线。此外,由周深演唱的支付宝集五福主题曲《望》也在当天上线。

"集五福"活动是一个线上互动小游戏,活动目标是建立用户关系,为后续的社交化做准备:在互动场景上,充分设计了各种"邀请"功能,如请好友赞助"敬业福"、送好友"爱国福"等,把人际传播发挥到了极致;在营销工具上,使用"集五福"获得现金红包抽奖资格的方式,满足用户"逐利"和"娱乐"的心理诉求;在内容包装上,其更是花样百出,如与音乐结合、与游戏结合等,让用户更多地参与活动,让"集五福"变成一场全民狂欢派对。

(二) 活动策划

很多人开始做活动策划时,会复用竞品或者市面上效果好的活动,但由于只学了形,没抓住精髓,最终导致活动失败,损失巨大。

一个达标的线上活动需要做到以下三点:
(1) 明确的活动目的;
(2) 策划阶段面面俱到;
(3) 执行阶段及时反馈。

三、提升复购攻略

(一) 复购率的概念

复购率就是重复购买率,是指消费者对某品牌产品或者服务的重复购买次数,重复购买越多,反映用户对其忠诚度越高。

(二) 复购率的计算方法

复购率有两种计算方法。一是按照客户计算。该方法是指在单位时间段内,计算回头客购买人数与总购买人数的比率,该比率就是重复购买率。例如在一个月内,有100个客户成交,其中有20个是回头客,则重复购买率为20%。二是按照交易计算。该方法指在单位时间内,计算重复购买交易次数与总交易次数和重复购买的总次数的比率,该比率就是重复购买率。比如在某个季度中,一共产生了100笔交易,其中有20个人实现二次购买,这20人中的10个人实现三次购买,则重复购买次数为30次,重复购买率为30%。

对于金融机构,提升复购率可以有效经营老客户,通过高质量服务和资产配置方法提高客户金融资产轮动效率,提高老客户利润贡献度。在商业银行,有一个"全面关系客户"的说法,即将一位同时持有存款(T)、投资理财(I)、贷款(B)、信用卡(C)、手机银行(P)的客户称为"全面关系客户"。全面关系客户之所以重要,是因为这样的客户群体复购率很高,对金融机构的认可度更高,不容易出现流失。提升金融产品复购率,最关键的是深入理解客户需求,并掌握恰如其分的营销技巧。

延伸阅读

中欧基金窦玉明:用户标签化管理提升基金产品交叉持有率184%,提升复购率201%

财联社(上海,实习记者 林汉垚 连城希)讯,证监会于2019年10月发布《关于做好公开募集证券投资基金投资顾问业务试点工作的通知》,基金投顾业务正式拉开序幕。

日前,中欧基金董事长窦玉明在"外滩大会"开幕前的走访活动中,就科技赋能金融,谈及金融科技在基金投顾业务中的应用,可能是资产管理行业对老百姓最大的福利。另外,通过对客户进行标签化管理,可提升基金产品交叉持有率184%,提升用户复购率201%。

窦玉明将资产管理行业类比传统制造业,基金公司相当于制造商,基金销售公司相当于渠道商,另外还有一个中间环节,即投顾环节。窦玉明称,中欧基金既要做基金制造商,也做好投顾环节。目前,已有3批共计18家基金投顾业务试点机构获得证监会颁发的"准入证"。中欧基金获得了首批基金投顾业务试点资格,成为5家获得资格的基金公司之一。

中欧基金已构建客户行为数据库,并组建了BI分析团队,通过1000个用户标签对用户行为、习惯等进行分析,挖掘影响客户投资体验的关键节点,制订精准的运营体系及个性化方案。通过对用户的精准运营,显著提高了用户的盈利体验。据中欧基金统计,截至2020年8月底,盈利客户数较2018年增长1.8倍,定投开通率超50%,客户复购率超90%。

四、内容营销

现代社会是一个"信息微缩"的时代。碎片化的信息、同质化的内容,让"博人眼球"变得越来越困难。对于金融产品营销来讲,内容一定是最核心的吸引客户的地方。具体而言,内容对用户的刺激作用包括:存在感(拥有某种身份的感觉,如某银行为客户安排专属的理财经理,提供优质服务)、优越感(拥有某种商品比拥有另外一种商品感觉更好,如VIP卡、免排队等福利)、充实感(购买之后的踏实感,如宣传语"某明星基金经理新发基金,买到就是幸福的开始")、稀缺感(限时限量的稀缺感,如某纪念金银币限购一天,额度有限,先到先得)、恐惧感(如果买不到某理财产品,你拿什么对抗通货膨胀)。

延伸阅读

凡勃伦效应

凡勃伦效应是指消费者对一种商品需求的程度因其标价较高而不是较低而增加。它反映了人们进行挥霍性消费的心理愿望。商品价格定得越高,越能受到消费者的青睐。这种现象最早由美国经济学家凡勃伦注意到,因此被命名为"凡勃伦效应"。

款式、皮质差不多的一双皮鞋,在普通的鞋店卖80元,进入大商场的柜台,就要卖到几百元,却总有人愿意购买。1.66万元的眼镜架、6.88万元的纪念表、168万元的顶级钢琴,这些近乎"天价"的商品,往往也能在市场上走俏。其实,消费者购买这类商品的目的并不仅仅是为了获得直接的物质满足和享受,更大程度上是为了获得心理上的满足。这就出现了一种奇特的经济现象,即一些商品价格定得越高,就越能受到消费者的青睐。

由于某些商品对别人具有炫耀性的效果,如购买高级轿车显示地位的高贵,收集名画显示雅致的爱好,等等,这类商品的价格定得越高,需求者反而越愿意购买,因为只有商品的高价,才能显示出购买者的富有和地位。这种消费随着社会发展,有增长的趋势。

由于消费者可能是想要通过使用价格高昂、优质的产品来引人注目,具有一定的炫耀性,因而这种现象又被称为"炫耀性消费"。

延伸阅读

内容营销的20个操作手段

我们做内容营销,无非就是4个目标:鼓舞用户,娱乐用户,教育用户,以及说服用户。明确了内容营销的目的以后,我们就可以有的放矢,用最合适的手段与创意机制来准备内容营销。

究竟该怎么做才能把内容营销做好呢?我总结了4个要点,20个操作手段。

1. 让品牌人格化,成功抓住用户

让品牌有态度,有脾气,有个性,有气场,甚至像人一样建立自己的圈子,像人一样地说故事,这样才能更好地去撩拨用户,与用户互动,这就是所谓的品牌人格化。

2. 通过普通人的故事让用户更有共鸣

绝大部分用户都是在过普通人的日子，真实、自然、有感情的普通人的故事更能打动我们。英国著名的百货公司乔路易斯做过一个广告，该公司非常擅长用孩子们的视角来讲述故事。乔路易斯针对家庭保险的服务，取材于一个胖胖的小女孩的跳舞的过程，制作年度宣传片。

虽然乔路易斯选择的这个跳舞的小女孩有点胖，戴着大眼镜，长得不算很好看，动作也不优雅，但是这些画面能让妈妈用户们想到自己的女儿，因为就算每个小女孩都是普普通通的小女孩，也是妈妈心中的小公主。每个小公主都有追求梦想的权力。对妈妈们而言，这些追求梦想的权力是非常重要的。

通过这个案例，我们可以看到品牌是如何通过普通人来讲述普通的故事，进而让它的目标用户产生情感共鸣的。

3. 洞察社会情感，在用户心中播下一粒走心的种子

大众点评网在2015年2月做了一个很成功的关于移动端营销的案例，其讲述了人与人之间的"聚"——你有多久没有和你的朋友、亲人相聚了。这个案例通过一个很感性的文案，以及高质量的视觉展示，给我们带来了舒服的、走心的体验。

4. 打造内容性产品形成自营销

到底什么叫作内容性产品呢？

(1) 它赋予了目标用户一种身份的标签；

(2) 让归属感和共鸣提早发生在品牌选购阶段；

(3) 强化产品与用户之间的故事。

锤子手机发布的文艺青年版手机"坚果"，声称只有18%的人会喜欢。这款手机在上市之前，锤子团队对一些文艺青年做了一些调研，找出文艺青年群体喜欢的颜色，甚至在产品的外壳上做足了文章，通过了对手机外壳的一些描述，彰显了文艺青年最向往、最想对外界表达的特质。该团队通过一部手机来打造内容性的产品，让文艺青年聚拢在一起，不断地强化自己的标签，形成自营销。

5. 用可视化的数据诠释热点事件，引发用户思考

可视化的图形一方面有助于品牌主归纳总结消费观点或者消费者的洞察，比如大家熟悉的春运迁徙图、雾霾话题等。另一方面，其也有助于用户去理解和关心更为复杂的话题，从而激发用户分享的欲望。

以上5点都属于让内容和用户产生关系的范畴。

6. 结合用户的好奇心与体验成长阶段进行内容营销

之前有人做了一个探讨北、上、广、深四大城市"吸血加班楼"的图片，大家都很好奇，到底哪些大楼的吸血程度最高？这个话题实际上非常鲜活有趣，它结合了用户的好奇心和体验来进行更有趣的内容营销。

7. 通过高质量的内容引发用户不间断的互动

凯迪拉克大概从2010年开始就围绕着66号公路进行传播与营销，一方面讲述66号公路所代表的美国精神，比如自由奔放、勇敢、冒险；另一方面通过试驾或者类似公路电影的故事，加深用户的印象，并且凝聚车主的这种向心力。

2014年和2015年，它开通了微信平台进行互动，例如，它会问网友哪一条路才是他心目中

最具代表性的66号公路,或者中国的哪一条公路能够像66号公路一样具有代表性的意义。

不断地通过经典故事,去创造富有感染力的小故事,这样能够让用户牢牢记住,并且愿意创作和分享。

8. 傍蹭与勾搭热点话题,争取"参与感"

这个是最容易理解的,也就是很多人所说的借势营销。品牌通过傍大腿、蹭热点,能够创造出有趣的内容,调足用户的胃口。

9. 拼存在感

比如每一年的电商节日,都会有很多品牌来打竞价的擂台。这可以说是一种蹭热点、傍大腿的举动,除了打击竞争对手外,实际上也在争取存在感。

10. 娱乐性科普内容可以带来更大规模的传播

比如"飞碟说一分钟",这个系列会把很晦涩的议题在一分钟时间内讲得很清楚,像中国的房地产政策、中国电视机发展史等,甚至一些社会性的话题,都能够采用一分钟视频的形式讲清楚,形成更广泛的传播。

我们需要注意的是娱乐性的内容并不完全都是负面的,或者是无价值的,它也可以有很好的正面效应。这种方式让科普与娱乐结合,引发更广泛的传播,甚至能转化成更具商业价值的一些部分。

以上手段都属于我们讲的第二个要点,围绕着人性来准备合适的内容素材。

11. 设计半个性化的模板,邀请用户再创内容流

它是需要用户参与的,因为用户的参与能够再次创造出内容流,比如过去的脸萌、足迹、小崽子剧场等都是这样的应用。

我们发现现在的90后在微信群里面,基本上很少用文字来沟通,更多的是用表情包来沟通,他们可以用很多的表情来表达他们的意思。小崽子剧场的表情就给他们提供了表达自我的机会。比如我之前在学校的学生群里面讲,大家今天要交作业了,可能立马就有同学发出一个放肆的表情,以表达还能不能好好做朋友之类的内容。

一方面他们通过这些表情图片,比较轻松地表达自己的情绪,另一方面他觉得这是一种非常有趣的跟老师沟通的方式。现在年轻人之间的沟通,越来越依赖这种图像化的贴纸。

用户的参与能够再创内容流。通过设计模板,让用户跳进去,用户会在你之前内容的基础上进行再创造。

12. 抓住时代文化标签,形成重度区隔

越来越多的品牌在进行内容营销的时候,会主动迎合年轻人的口味,比如鬼畜文化、腹黑、二次元文化等。这些年轻人文化和高速发展的互联网擦出火花之后,不仅会成为年轻人的娱乐和社交方式,甚至有时候会融入主流文化,融入我们日常使用的语言当中。

13. 探讨价值观,抓住内容营销当中的新红利

青少年文化的崛起,代表我们的文化底线和价值观正在不断地被刷新。过去大家喜欢看《万万没想到》和《屌丝男士》,我想就是喜欢看有趣、吐槽、"屌丝"逆转人生的这种剧情。

美特斯邦威与奇葩说合作,我认为这是把内容营销推到另外一个高度。一个不走寻常路的选秀节目，通过对一些争议性主题的演讲、辩论，结合一些自嘲、自娱、自嗨的形式，以话题、音乐、口号等载体，让品牌的价值观被重新塑造，更加贴合年轻人。

所以从这个案例来看，贴合青年文化和价值观的娱乐内容，让品牌在内容营销中找到一个新的商机，这一点的收获远远胜过我们经常看到的所谓视频节目的贴片广告，或者内容植入。

14. 尝试富媒体，结合准媒体，强化自媒体IP概念

比如杜蕾斯从早期的微博、微信推广，到近期利用了内容直播平台哔哩哔哩，当用户最终创造的弹幕和视频结合的时候，就让杜蕾斯摇身一变，成为一个非常大的IP。

15. 善用传统营销接触点，让用户参与内容创建

有一些接触点我们非常熟悉，我们可以通过对他们的改造，来做好内容营销。比如，过去谁会想到一个瓶子的瓶身跟瓶盖有那么大的价值呢，但是可口可乐告诉你，从过去的内容瓶到后来的歌词瓶，只要内容创新机制设计得足够完善，它都能产生巨大的传播价值。

16. 让成熟的运营机制变成内容营销的一种新尝试

品牌既把产品的信息传播给用户，也把商品的功能传播出去，又利用一个非常成熟的竞拍机制，不断地与用户沟通。

碧浪利用竞拍机制，做了一个有关内容营销的活动。如果你相信碧浪的新产品能够把衣服洗干净，那么就会被引导到活动的竞拍机制中。

碧浪购买了10件国际大牌的衣服，然后把它的某一个部分弄脏，挂到竞拍平台上，问用户敢不敢竞拍这件衣服，一块钱起拍。如果你相信碧浪的新产品能够洗干净这件衣服，就可以参与竞拍，以低于衣服市价的价格购买到它。利用这种竞拍机制，人们能不断地分享，然后会有更多的人参与到活动中来。

最后得标的人，除了花费两三千元得到这件衣服，还可以得到主办方送他的碧浪洗衣液，确保他能够在24小时内把衣服洗干净。

在这个过程当中，品牌既把产品的信息传播给用户，也把商品的功能传播出去，又利用一个非常成熟的竞拍机制，来不断地与不同的用户沟通。

17. 把内容设计为购买链条中的一个体验环节

及早认识到内容营销的重要性的公司早已把内容营销作为用户购买流程中的一个重要的体验环节，以增强用户的体验服务。

用户通过公司的内容营销，能够再次感受到产品的内涵，认识到产品可以带给自己的利益，甚至可以关联到一种新的生活方式，从而形成对于品牌的忠诚度和黏性，形成多循环的传播和再次购买。

18. 让口碑推广搭上公益活动，鼓舞用户响应

美国的一家公益组织通过上传吃饭自拍照的方式进行筹款，吸引了大批参与者。

19. 众创众包模式结合高频场景，让用户参与等于内容

我们发现过去很多品牌在做公益活动的时候都有一个痛点，这些活动经过媒体报道之后很难形成较大的传播影响力。所以，企业非常希望把公益的行为与用户参与结合起来。

康师傅在做公益活动的时候，选择与咕咚体育合作。如果你带着咕咚的手环参加马拉松比赛，或者参加路跑活动，跑步数即可转化为水滴数。

另外，它还与滴滴打车合作，打车的公里数也能够转变成水滴数。用户可以通过捐赠水滴数参与康师傅母亲水窖项目，每凑足一定的水滴数，康师傅就捐一口水窖。康师傅把这个公益项目变成了一个全年的传播活动。

这些活动实际上是运用众创和众包的机制，让用户的参与形成内容，并且转化成内容营销。

虽然捐款的是品牌主，但是只要能够带动消费者参与，这就叫作共创，或者叫作众包。

20. 内容和大数据的融合，能够让营销更有技术感

当数字营销的技术进步带来了内容创意的突破，内容和技术的融合必定会使得内容营销更具有品质感和体验感。比如，百度发动海内外网友收集关于尼泊尔古迹的照片，复原加德满都。这个案例也因为技术助力，有了最佳的展现效果。

现在所谓的内容创意，不只是设计优美的文案，或者高质量的画面，而在于能不能把用户沟通的过程变成内容生产的过程，并通过内容创意机制保证其顺利运行。这样就可以使我们不断地生产更好的内容，甚至不需要花费大量时间和资金就能自行地传播和推广出去。

我认为，内容营销及内容创意机制才是未来品牌之间竞争的关键要素。内容创意机制保障的是品牌能不能持续地与用户沟通，持续地影响用户。不管是做内容营销还是做数字营销，这些都是大家希望看到的终极目标。

资料来源：馒头商学院。https://mp.weixin.qq.com/s?__biz=MzA3MDk4NzMzNg==&mid=2651703896&idx=1&sn=d748b4cfdeb11ea5d30307a2e30d9763&scene=1&srcid=0804XrW2Vgx6Q5l7kSEibRnQ#wechat_redirect。

做一做

随堂练习：请收集整理10篇阅读量超过10万的财经类文章，找到他们获得关注的主要原因，以及内容变现的方法，并将其填入表21-5中。

表21-5 财经类文章分析表

序号	文章标题	主要内容	获得关注的原因
1			
2			
3			
4			
5			
6			
7			
8			
9			
10			

第二十二章
营销方案优化和调整

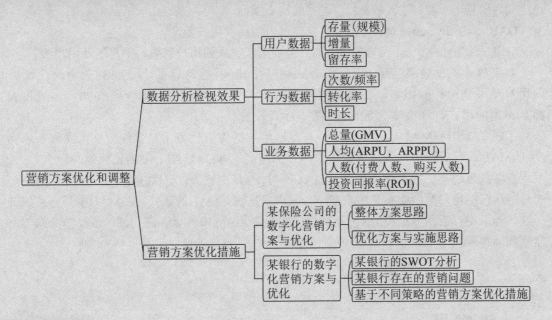

学习目标

1. 了解数字化营销效果，分析核心数据指标
2. 掌握DAU、MAU、PV、UV、GMV、ARPU、ARPPU基本概念
3. 掌握营销内容优化的基本逻辑思路

一、数据分析检视效果

在金融产品的营销过程中，分析产品和用户群体，制订产品的数字化营销方案只是营销的起点，营销过程的跟踪、反馈、优化是确保数字化营销方案成功的必要因素。针对金融产品数字化营销方案，我们要从哪些维度、按照哪些流程来跟踪分析呢？

开展金融产品数字化营销工作，需要在活动结束后开展多维度数据分析，全面评估活动效果，并且在此基础上对营销方案进行优化和调整，形成良性循环。因此，有必要参考互联网电商公司的评价数据体系。

数据可分为三类，即用户数据、行为数据、业务数据。

(一) 用户数据

1. 存量(规模)

如果说传统的营销通过营业面积、销售额、毛利润等非常直观的指标去衡量，对于数字化营销的数据，我们可以先观察互联网企业经常使用的一些数据指标，其中DAU和MAU已经成为衡量一个网站、App或者小程序的核心指标。

DAU，即daily active user，指一个自然日内的活跃用户数。

MAU，即monthly active user，指当月至少活跃一次的用户总数，即月活跃用户数。

如果每天的DAU都为6000，那么MAU是6000吗？这就要考量在30天内每天活跃的用户是不是同样的用户，如果是同样的用户，那么本月的MAU就是6000；如果每天都是不同的用户，那么本月的MAU就是18万。

了解了DAU和MAU后，日活用户与月活用户的比值代表用户黏性指标，通常表示为DAU/MAU，日活跃用户占月活跃用户的比例越高，即DAU与MAU的比值越趋近于1，表明用户活跃度越高。需要注意的是，MAU不等于1月内每天DAU数量汇总，它统计的是一个月内活跃的用户数，如果某用户在一个月内多次满足DAU的条件，在MAU中只会被统计一次。当下中国活跃度最高的App是微信。在金融类App中，以券商为例，最高的是东方财富网和同花顺(见图22-1)。

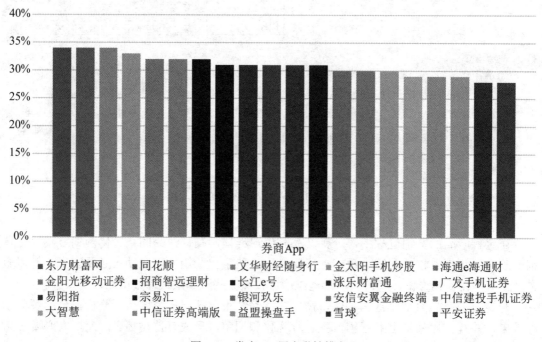

图22-1 券商App用户黏性排名

资料来源：https://www.sohu.com/a/428868137_120127638

制造高频使用场景是App提高用户黏性的捷径。支付宝、微博、抖音等App都在使用这个逻辑，支付宝的蚂蚁森林、蚂蚁庄园，微博的签到，抖音的短视频内容社区等，通过小游戏让本来非高频使用的软件变得高频。金融行业App也是通过高频率的非金融活动吸引新客户，例如招商银行的两个App("招商银行"和"掌上生活")，客户不仅可以在上面办理金融业务，还可以缴水电费、订电影票、在线购物等。招商银行App目前已经成为中国最大的咖啡零售平台，每天销售咖啡8万杯，同时是中国第二大出行预订平台、第三大影票销售平台。通过买咖啡、买电影票、订机票火车票等用户常用的高频率交易，招商银行实现了获取用户、沉淀用户的目标。

做一做

随堂练习：某券商App共有客户23万户，过去一个月内每日活跃用户数量如表22-1所示，请问MAU(月活跃用户人数)如何计算？

表22-1 某券商App每日活跃用户数量　　　　　　　　　单位：万户

1日	2日	3日	4日	5日	6日	7日	8日	9日	10日
21	19	22	17	18	20	22	23	21	19
11日	12日	13日	14日	15日	16日	17日	18日	19日	20日
19	22	17	18	20	22	23	21	21	19
21日	22日	23日	24日	25日	26日	27日	28日	29日	30日
21	19	22	17	18	20	22	17	18	20

2. 增量

判断营销活动效果的重要指标之一是增量，通常我们在制订营销方案或者策划营销活动时要从哪些维度考察增量呢？

新客户增量，是指在某一段时间内新客户数量的变化。可选择合适的节点，将新增用户完成某些行为算作新增(比如完成注册或认证)。应针对不同活动选用合适的方法，设定判别新客户的标准(金融机构一般基于设备和账号关联判定是否为新客户)。

咨询(参与)增加量，是指在某一段时间内方案或者活动吸引的用户数量的变化。可以以咨询或者参与为依据，分析用户行为，提出有针对性的优化营销方案，提升咨询(参与)增加量。

销售额增加量，指通过营销活动(方案)在短时间内大幅提升某产品的销售额。如果新客户增量、咨询(参与)增加量、销售额增加量不升反降，则需要根据市场反馈及时进行调整。

所有的增量都离不开用户基数，让我们了解一下我国网络使用人群的情况。

延伸阅读

中国互联网络发展状况统计报告

2021年2月，中国互联网络信息中心(CNNIC)发布第47次《中国互联网络发展状况统计报告》(以下简称《报告》)。《报告》显示，截至2020年12月，我国网民规模达9.89亿，较2020年3月增长8540万，互联网普及率达70.4%。2020年，我国互联网行业在抵御新冠肺炎疫情和疫情常态化防控等方面发挥了积极作用，为我国成为全球唯一实现经济正增长的主要经济体，国内生产总值(GDP)首度突破百万亿，圆满完成脱贫攻坚任务做出了重要贡献。

截至2020年12月，我国网络支付用户规模达8.54亿，较2020年3月增长8636万，占网民整体的86.4%。网络支付通过聚合供应链服务，辅助商户精准推送信息，助力我国中小企业数字化转型，推动数字经济发展；移动支付与普惠金融深度融合，通过普及化应用缩小我国东西部和城乡差距，促使数字红利普惠大众，提升金融服务可得性。2020年，央行数字货币已在深圳、苏州等多个试点城市开展数字人民币红包测试，取得阶段性成果。未来，数字货币将进一步优化功能，覆盖更多的消费场景，为网民提供更多的数字化生活便利。

资料来源：http://www.cnnic.net.cn/hlwfzyj/hlwxzbg/hlwtjbg/202102/t20210203_71361.htm(有删减)

3. 留存率

留存率是反映网站、互联网应用或网络游戏的运营情况的统计指标，常用的有次日留存、七日留存、月留存。例如，某金融机构视频号在首次发布信息后，当天吸引了近10万人关注(单击"关注")，观察10万人在未来1天、7天、30天的留存率，可以作为客户黏性的观测指标之一。

例如，7日留存率，只关心到指定日的留存情况，新增当日为第1天，下一日为第2天，将第8日与新增当日(第1天)去重，有利于抵消某些星期级别的周期性差异。7日留存率的计算公式为

7日留存率=(第1天新增、第8天还登录的用户数)/第1天新增用户数

依此类推，次日留存和30日留存率的计算公式为

次日留存率=(第1天新增、第2天还登录的用户数)/第1天新增用户数

30日留存率=(第1天新增、第31天还登录的用户数)/第1天新增用户数

延伸阅读

AARRR模型

AARRR是acquisition、activation、retention、revenue、referral 5个单词的缩写，分别对应用户生命周期中的5个阶段。

以下以移动应用为例简单讲解AARRR模型的每个阶段。

(1) 用户获取(acquisition)。运营一款移动应用的第一步是获取用户，也就是大家通常所说的推广。如果没有用户，就谈不上运营。

(2) 用户激活(activation)。一个重要的因素是推广渠道的质量，另一个重要的因素是产品本身是否能在最初使用的几十秒钟内抓住用户。

(3) 用户留存(retention)。通常保留一个老客户的成本要远远低于获取一个新客户的成本。很多应用确实并不清楚用户是何时流失的，于是一方面他们不断地开拓新用户，另一方面又不断地有大量用户流失。解决这个问题首先需要通过日留存率、周留存率、月留存率等指标监控用户流失情况，并采取相应的手段在用户流失之前激励这些用户继续使用应用。

(4) 获得收益(revenue)。获取收入实际上是应用运营中最核心的一个阶段。极少有人纯粹出于兴趣来开发一款应用，绝大多数开发者最关心的是收入。即使是免费应用，也应该有其盈利模式。

(5) 推荐传播(referral)。以前的运营模型到第四个层次就结束了，但是社交网络的兴

起，使得运营增加了一个环节，就是基于社交网络的病毒式传播，这已经成为获取用户的一个新途径。这个方式的成本很低，而且效果有可能非常好；其前提是产品自身要足够好，有很好的口碑。

资料来源：https://baike.baidu.com/item/AARRR/6962373?fromtitle=AARRR%E6%A8%A1%E5%9E%8B&fromid=23679499&fr=aladdin(有删减)

(二) 行为数据

在营销活动中，我们关注的行为数据有次数/频率(PV、UV、访问深度)、转化率、时长等。我们分别了解其代表的含义。

1. 次数/频率

PV(page view)是指互联网页面的浏览量或点击量，用户每一次对网站中的每个网页访问均被记录为1个PV。其可用作衡量网站用户访问的网页数量。

UV(unique visitor)，一般指独立访客，是指通过互联网访问、浏览线上网页、活动、产品的自然人。一天内同一个访客多次访问仅计算一个UV。UV与IP(独立IP的访问用户)区别在于，如：你和你的家人用各自的账号在同一台电脑上登录新浪微博，则计为1个IP数，2个UV数。每一个UV带来的销售额，可以称为流量价值。

访问深度(用户对产品的了解程度)是指对用户某些关键行为的访问次数，将网站/内容分成几个层级，以用户本次访问过最深的一级计算。

2. 转化率

销售活动转化率指在一个统计周期内所有浏览或参与营销活动、产生购买行为的人数和所有点击或参与的人数的比率。

3. 时长

时长反映了用户访问互联网网页或App、自媒体平台的驻留时长，时长代表了某视频、活动等被消费的程度，内容质量越高，吸引用户驻留的时间越长。

(三) 业务数据

1. 总量(GMV)

GMV的英文为gross merchandise volume，主要是指成交金额，成交金额包括付款金额和未付款，公式为

$$GMV=销售额+取消订单金额+拒收订单金额+退货订单金额$$

GMV虽然不是实际的交易数据，但同样可以作为参考依据，只要顾客单击"购买"，无论有没有实际购买，都会被统计在GMV里面。可以用GMV来研究顾客的购买意向，顾客购买后发生退单的比率，GMV与实际成交额的比率，等等。GMV指标可以用来衡量金融产品数字化营销的效果。

2. 人均(ARPU，ARPPU)

ARPU的全称是average revenue per user，即每个用户的平均收入。这一指标计算的是某时间段内平均每个活跃用户创造的收入。在ARPU计算中，所有的用户都被纳入计算范

围——无论是付费用户，还是非付费用户。ARPU是评估应用变现有效性的指标：ARPU越高，就代表用户在这段时间内带来的变现收入越多。

ARPPU全称为average revenue per paying user，也就是每个付费用户的平均收益。这个指标考核的是某时间段内平均每个付费用户为应用创造的收入。在用户数量上，ARPPU只考虑某一时间段内的付费用户，而非该时间段内所有的活跃用户。

二者之间的换算公式为

$$ARPU = ARPPU \times 付费用户比例$$

3. 人数(付费人数、购买人数)

付费人数和购买人数较为容易理解，即开展某营销活动之后，实际发生购买行为的客户人数。

4. 投资回报率(ROI)

投资回报率是一项代表投入产出比的指标，计算方式为销售额与投入额的比值。公式为

$$ROI = 销售额/投入额$$

$$销售额 = UV \times 转化率 \times ARPU值$$

金融行业ROI如何测算？金融产品线上用户的来源是非常多样化的，可能来自PC、H5或App，也可能来自广告、网点地推、线上活动、品牌推广等。在实际测算中，总ROI按照总销售额除以总投入计算，投入费用主要为销售类广告、品牌类广告，以及各类线上线下活动补贴的费用总和。

延伸阅读

真实ROI、引导GMV，直播带货都在聊的ROI水有多深

新冠肺炎疫情之下，2020年的直播带货发展迅猛。无论是网红直播带货，还是明星演员亲自上阵，直播带货已成潮流。谈到直播带货，总是离不开ROI和GMV。那么，如何计算ROI？直播带货都在聊的ROI水有多深？认知偏差和信息不对称会带来什么"坑"？本文为你解答这些疑问。

ROI在电商带货里的概念是投入产出比，比如品牌投入1万元，带货GMV能达到2万，ROI就是2，能卖到5万，ROI就是5。

$$ROI = \frac{GMV(成交总额)}{坑位费 + 佣金}$$

大环境不好是客观事实，但随着短视频、直播带货的兴起，品牌遇到的竞争越来越激烈，ROI回报相对持走低趋势，这也是在所难免的。

"前几年我们的ROI做到过10，"食品饮料行业的某品牌运营负责人马骋说，"现在能做到1~2，我就满足了。"

前几年社交平台对于品牌营销来说还是一片蓝海，用户黏性强，有付费意愿，但现在的购买欲都在下降。"事实就是公众号、抖音等老渠道的ROI都在下滑。"

马骋的品牌策略是，抱着品宣心态来处理，"如果像神曲一样，能对用户产生'洗脑'效果，这也很好。我们稍微放弃一点对ROI的执念，投放预算锁紧，挑选要求自然会

提高,但是评价维度不会局限在ROI。"

品牌对投放越来越谨慎,头部主播、数据表现好且稳定的带货主播,反过来也会选品。

李佳琦做客《鲁豫有约一日行》时,揭示了整个团队的选品流程:一款酸奶果粒麦片,品牌给到"66.9元2包,再加送1包薯条"的优惠搭配,李佳琦提出要送2包薯条。最终在直播间,这款麦片以"66.9元2包,加送5小包燕麦片"的搭配出售。

李佳琦和薇娅的ROI(无论是基于GMV,还是基于真实销售额)都很高,但因为品牌商在价格上让利太多,实际有可能会造成亏损。

也就是说,高ROI不一定为品牌带来正收益,但所有去李佳琦、薇娅直播间的品牌商都明白这一点:这部分的投入可被视为广告费,李佳琦和薇娅的直播是品宣与带货二合一。

资料来源:张晨曦,CBNData消费站,2020年8月4日

延伸阅读

2020年最新短视频App榜单

2020年11月中国移动短视频综合平台与短视频聚合平台活跃用户规模分别达到8.781亿和2.273亿,相比2020年1月活跃用户规模绝对值分别增长1.554亿和0.267亿,在全网超10亿用户中,其渗透率不断得到提升。

在2020年11月的移动短视频App榜单中,抖音短视频、快手、西瓜视频分别以5.30亿、4.25亿、1.41亿的活跃用户规模占据市场前三名,火山小视频以1.41亿活跃用户规模排名第四,共同进入亿级App的行列中。

2020年11月中国移动短视频市场有如下动态值得关注。

1. 功能玩法和内容生态的持续精进

在产品功能方面,抖音推出首批7款AR地标道具,用户使用后可体验城市地标建筑律动特效;快手试水直播间智能宠物"小快",主播直播过程中可以通过语音命令"小快"放歌、发红包、找人PK以及点赞等,增添直播趣味性。

在内容生态建设方面,抖音上线《归零》《魔熙先生+》《寻梦"欢"游记》,呈现明星多角度生活的竖屏短视频综艺,短小精悍的内容体现了短视频平台对内容精品化的升级与尝试;快手联合QQ音乐、酷狗音乐、酷我音乐和全民K歌,整合亿万资源共同发布"音乐燎原计划",帮助更多的音乐"出圈";此外,快手还推出"2020说车人培养计划",计划通过精准流量扶持1000位专业说车人,并与超过200家机构进行深度汽车内容合作,推动快手平台拥有更高价值的汽车内容。

2. 短视频助攻电商购物月

电商已经成为短视频平台的主要营收来源,11月这个火热的电商购物月也带着短视频平台舞动起来。抖音上线"11.11抖音好物发现节",活动期间相关话题挑战赛播放量破百亿,排名第一的种草视频播放量破亿;快手以"源头好货"为概念推出"1106卖货王"购物节,同时与天猫合作举办"双11老铁狂欢夜",发放大量天猫"双11红包",进行多场精彩的直播。

3. 极速版继续展现增长能力

在互联网人口流量红利逐渐消失的背景下，各短视频平台纷纷在常规版基础上推出极速版轻量应用。极速版应用具有内存小、安装快、连接快等优点，并且以现金、红包为核心激励手段使用户规模快速增长。快手极速版月活跃用户人数规模增长8.04%，增至5918.6万人，成为目前用户规模最高的短视频极速版应用。

对比火山、抖音、快手三款短视频的常规版及极速版的用户分布情况，极速版相比常规版在三线城市、非线级城市及其他用户中占比均有不同程度的升高，同时在超一线城市用户中占比也略有提升。由此可见，价格敏感度较高的下沉市场用户不仅大量聚集在三四线城市及乡镇，在高线级城市中也有一定的分布。

另一方面，从火山、抖音、快手三款应用的短视频排行来看，抖音在二线及以上城市有较高的分布，其极速版应用可帮助其拓展低线级城市用户，下沉战略更具效果。

再对比火山、抖音、快手三款短视频的常规版与极速版的用户重合情况，抖音在两个版本间的用户重合率最低，两版本合并活跃用户规模达到5.408亿；虽然快手在两个版本间的用户重合率较高，但高达5918.6万的极速版活跃用户规模使得快手整体用户规模增长显著，达到4.489亿。

二、营销方案优化措施

(一) 某保险公司的数字化营销方案与优化

与其他行业相比，保险行业是较早实现数据化的行业。某保险公司成立20多年来已经累积了大量的消费者数据，因此在利用大数据方面具有优势。而且保险行业的客户群体数量较大，通过大数据分析得出的一般性结论会更加具有指导意义。

利用大数据进行营销方案设计，最关键的是数据的来源。目前，保险公司的数据来源主要来自两个方面，一方面是由公司自己的历年保单及客户信息构建而成的客户信息库，包括但不限于客户的基本信息、家庭情况、保单记录、财务状况等，客户的信息越细化，越容易画出用户画像；另一方面是从互联网上获得的数据，包括消费者的消费行为、浏览痕迹、搜索数据等，企业可以针对这些不同的信息制定不同的精准营销策略。依托这些大数据，我们可以从整体上以客户细分的思路，设计三类不同的具体营销方案。

1. 整体方案思路

我们进行大数据分析，主要是对消费者的需求进行横向分析，如客户是否购买保险，购买哪类保险产品。目前，保险行业对客户的分类标准主要包括性别、收入、学历、年龄等方面，某保险公司目前主要按照收入和性别将客户分为四大类。

第一类是高收入女性客户。这类客户普遍接受过高等教育，年纪稍大的高收入女性客户大多会选择给子女投保，其余的客户会选择给父母投保。这类客户青睐的产品以分红险和万能险为主。

第二类是高收入男性客户。年龄较小的高收入男性客户通常工作较为繁重，较为看重服务和产品的质量，价格敏感度较低，较能接受新型的保险观念和产品。年龄较大的高收入男性客户一般事业有成，家庭责任感较强，购买时注重大品牌和良好的售后，价格敏感度较低。

第三类是低收入女性客户。年龄较小的低收入女性客户通常学历不高，多从事基础性质的工作，未来发展潜力不大。由于受教育程度不高和收入较低，导致其对新生事物的接受度较差，虽然重视生活品质，但是在进行大额消费时比较在乎价格。年龄较大的低收入女性客户比较看重退休后的生活保障，抗风险能力较弱。

第四类是低收入男性客户。年龄较小的低收入男性客户与年龄较小的低收入女性客户比较类似，唯一区别体现在对生活品质的要求上，并且其没有女性客户那么感性化，更难被说服。

某保险公司目前的客户信息非常丰富，但是未来还需要注意两个方面的问题：一方面，当前的客户标签表明的是客户的现有状态，不能代表客户的意愿，同时客户标签也会根据客户的情况实时发生变化；另一方面，只有在新客户投保时，我们才能看到客户信息，如何将客户信息与投保意愿相结合，通过分析画出合理的客户画像，则是保险公司需要注意的问题。

2. 优化方案与实施思路

在利用大数据进行客户细分的基础上，某保险公司提出三个针对不同层次客户的精准营销方案。

(1) 第一个方案是针对不同客户发送有不同定制内容的《致客户的一封信》。其利用客户标签系统，让营销人员理解基本的精准营销概念，并针对不同的客户定期发送不同的定制内容。老客户可以从自己的保单历程中了解自己享有的保障和存在的保障缺口等信息，同时营销人员通过这些信息及客户的反馈更清楚地了解客户，更有效率地与客户进行接触。

该方案具体的目标是通过微信和在线App等形式发送《致客户的一封信》，将某保险公司的最新动态带给客户的同时，对客户的保险情况和目前需求进行更深一步的了解。通过该步骤，营销人员可以明确哪些客户是营销对象，并了解客户的具体需求，做到有的放矢。

该方案实施的准备工作主要集中在以下三个方面。①明确讲师群体，做好相关的培训工作。在方案推动前的三个月内完成相关的培训工作，同时上线相应的考核系统。②培训课程的准备工作。要考虑目前营销人员对在手机上进行营销沟通的接受程度，以及对客户标签、精准营销等新概念的理解程度，应对不同水平层次的营销人员进行不同批次的培训。③课程的设置。该部分的课程内容包括如何发送《致客户的一封信》，查看反馈情况，介绍客户标签系统，了解精准营销的手段等。

(2) 第二个方案是与G口腔医院合作，提出"医疗体验服务"的合作解决方案。该方案是在做好客户细分后，利用公司数据库资源寻找合适的客户，然后采用牙科医疗知识普及讲座、免费口腔检查和优惠专项治疗费用等政策，使营销人员能为客户提供最适合的口腔防护措施。

该方案具体的目标是以客户经营为基础，依托数据库营销，利用G口腔医院的资源和某保险公司的营销能力,通过开发存量目标客户实现保险产品的销售和口腔护理治疗的推广。

该方案实施的准备主要集中在以下两个方面。①筛选目标客户。面对大量的客户资源,某保险公司需要通过筛选找出能够进行口腔医疗服务的目标客户,并以微信通知、App邀请函等方式向其推送有关信息,并根据客户的反馈整理客户信息表。②邀约目标客户。邀请目标客户参与口腔保健知识讲座,同时完成有关口腔知识和保险需求的问卷,同时引出口腔医疗保险、某保险公司相关优惠措施等。在整个合作解决方案实施的过程中,口腔医院的接待人员和保险公司的营销人员需要明确各自的工作职责,积极配合。

(3) 第三个方案是针对高端客户的理财沙龙方案。该方案通过策划高端客户活动,增强与客户的互动,从而提升客户服务体验,加强某保险公司在高端客户心目中的形象。

该方案具体的目标是在公司利用大数据做好高端客户的分类与分层的基础上,通过客户活动提升老客户对公司的认可度,同时吸引具有类似属性的新客户。营销活动的对象主要是拥有社群的高端客户,每位高端客户在参与活动时拥有邀请1~2位朋友免费参与活动的权利。

该方案实施的准备主要集中在以下三个方面。①通过问卷的形式,以各类高端客户青睐的聚会活动为载体,进行高端客户数据收集。重点关注的内容包括年缴20万元保费以上的客户人数、本地区高端客户类别、资产分布占比、关注的话题等,需要针对不同的高端客户人群采取不同的专属营销方案。②对客户筛选要做到精准分类,让不同层次的客户得到专属的私享服务,从而提升服务体验。③对营销人员进行高端客户邀约流程的培训。例如在活动半个月前拨打电话,咨询客户的参与意向,在10天前进行时间提示及了解客户需求,在三天前亲自上门介绍活动内容与递送活动邀请函。此外,营销人员应熟练掌握各个阶段的活动介绍要点,以及需要从客户那里了解哪些相关信息。

(二) 某银行的数字化营销方案与优化

根据市场定位理论(STP理论)、4P理论等市场营销理论,在SWOT分析的基础上针对营销情况和存在的问题,优化营销方案。下面以某银行为例具体介绍营销方案的优化过程和相关措施。

1. 某银行的SWOT分析

随着我国互联网技术的不断发展,金融业务线上化也取得了长足的发展。在这种情况下,传统的商业银行面临着非常大的挑战。它们在金融行业的地位因金融科技的加速推进而发生变化,虽然商业银行具有自身的优越性,但是如果不紧随时代潮流,及时进行改革的话,就会面临被淘汰的危机。

某银行是JX省最大的城市商业银行、JX省首家省级法人银行。目前,其营业网点遍布该省所有市县,具有非常大的竞争力。下面以JX省某银行为例进行SWOT分析。

1) 某银行在数字化营销时代的优势

某银行在数字化营销时代的优势(strength)主要体现在以下两点。

(1)拥有基数庞大的客户资源。某银行拥有20多年的历史,在省内拥有大批的忠实客户,一直秉持以稳健经营为主导的业务经营策略。长期的积累为银行留下了大量的客户数据,但是在金融科技普及以前,该银行未能对这些数据予以充分利用。现今,商业银行必须重视客户数据,从中挖掘客户需求,并能对客户提供有针对性的服务。

(2) 具备雄厚的资本及良好的信誉。多年的积累,使该银行不易被互联网的冲击所影响,客户对商业银行的认可度普遍较高,这使得该银行具有良好的信誉。

2) 某银行在数字化营销时代的劣势

某银行数字化营销时代的劣势(weakness)主要体现在以下三点。

(1) 对市场变化缺乏应对策略。长期以来,我国商业银行在部分金融业务上处于垄断地位,因而在最初推进金融业务线上化时,很多商业银行并没有对其充分重视。然而,金融科技发展的速度快得超乎想象,已经逐渐影响商业银行的经营与业务开展。此时,商业银行意识到,应在业务场景化及客户交互线上化分一杯羹,否则就会被时代淘汰。以ETC(速通卡)充值为例,在各大国有商业银行都在推广在线ETC充值业务的时候,支付宝和微信等互联网运营商也参与到该业务中来,但是某银行并没有及时做出反馈。直到大家纷纷开展ETC充值业务的时候,某银行才着手该业务的推广工作。这不仅损失了ETC充值这部分市场,而且在日后深度挖掘客户数据时失去了在ETC充值这部分的内容补充。

(2) 产品缺乏创新,不够重视客户体验。金融业务线上化具有便利性,有助于其能迅速发展。对比之下,商业银行虽然公信力较强,但是这在无形中为商业银行背上了重重监管的包袱。商业银行不仅要应对外部的监管,还要接受内部严格的审批流程。这在提高稳定性的同时,也降低了运营效率。例如在购买理财产品的时候,早期互联网金融的模式大多数是:客户通过在线咨询,了解适合自己的金融产品,从而完成购买。如果去传统商业银行办理相关业务,不仅排队时间长,办理业务时还需要在很多环节上签字,如此一来,办理一次业务可能需要一个多小时,甚至更久。虽然这样可以保障广大客户的合法权益,但是在快节奏的互联网时代,耗时、烦琐的程序很容易让以年轻客户为代表的追求效率的客户群体失去耐心。

(3) 缺乏专业的数据分析人员。现今,各银行纷纷对客户进行数据分析,画出客户画像,并为不同客户制订不同的金融服务计划。如此一来,各银行急需专业的数据分析人员。在数字化营销时代,数据分析师不仅要对不同来源的数据进行汇总,还要与行业知识相结合,建立合理的数据模型,并对应相关的营销产品。某银行由于在金融业务场景化这方面起步所以较晚,缺乏专业的数据分析人员。

3) 某银行在数字化营销时代的机遇

某银行在数字化营销时代的机遇(opportunities)主要体现在以下三点。

(1) 金融监管日趋严格。在互联网金融刚刚起步之时,监管难以做出及时的反应,使得很多互联网企业抢占了大块的金融市场。随着前些年P2P、网络贷款等相关互联网金融业务大量"爆雷",对互联网金融的监管越来越严格。随着支付牌照等各类牌照的出台,很多互联网金融不能独立开展相关业务,必须与传统商业银行进行合作。这就为某商业银行进军新的领域提供了很好的机会。通过与互联网企业的合作,银行可以了解到客户更多方面的信息,也更方便银行对客户数据进行深度分析。

(2) 移动端的推广降低了获客成本。"十三五"期间我国网民数量增加了近一倍,截至2020年12月,我国网民数量达到9.89亿,而网民中使用手机端的比例高达99.7%,这也使得银行可以通过互联网接触客户,降低获客成本。以移动支付为例,现在移动支付的广泛应用大大方便了居民生活,已经成了大部分民众平时生活的支付习惯,而银行就可以从此处入手,通过品牌合作活动推广自己的移动支付业务。

(3) 可利用多年的客户数据进行数据分析。某银行可以通过信息系统对大量的用户交易数据进行处理,并通过云计算等方式横向对比各类用户数据与相关产品的购买情况,从而精准地为不同客户推荐符合其需求的产品,实现精准营销。此外,通过历年来的客户信息和交易记录,综合现在市场上流行的金融产品,可以有针对性地开发出面向某些客户的金融产品,提供更加个性化的金融服务。

4) 某银行在数字化营销时代的挑战

某银行在数字化营销时代的挑战(threat)主要体现在以下三点。

(1) 传统银行的竞争压力。根据中国银行业协会发布的《2020年中国银行业服务报告》,银行业金融机构持续加大金融科技投入,以网上银行、手机银行为主阵地,进一步搭建功能齐全、场景完备、移动智能的线上渠道,不断提高业务办理效率,改善客户服务体验。据统计,截至2020年底,银行业离柜交易率已经接近90%,其中,手机银行交易达1919.46亿笔,同比增长58.04%,交易总额达439.24万亿元,同比增长30.87%;网上银行交易达1550.30亿笔,交易总额达1818.19万亿元,同比增长9.68%。传统银行在线上业务方面发展迅猛,为某银行带来了巨大的竞争压力。

(2) 互联网平台的竞争压力。随着金融科技的飞速发展,各类金融产品层出不穷,相比传统金融产品,为消费者量身定做的个性化程度越高,越能吸引消费者购买。与此同时,像蚂蚁金服等互联网企业拿到了支付牌照,甚至银行牌照,还有一些互联网企业被授权能对消费者销售基金及保险产品,这打破了一直以来银行业的垄断,可能造成用户群体大量流失。对于某银行来说,这将是巨大的威胁。

(3) 银行传统功能逐渐被弱化。随着移动支付的推广,以及存贷款手续费的下降,传统业务为商业银行带来的收益越来越少,同时相关的市场也在被互联网公司占据。如今,客户只要刷"二维码",就能做到以前使用银行卡、信用卡能做的事情,在方便客户交易的同时,也为商业银行提出新的要求:在传统业务逐渐弱化的大背景下,如何寻求新的增长点并在线上金融市场上分一杯羹。

2. 某银行存在的营销问题

1) 某银行营销现状

某银行在处理各类业务的同时,积累了大量的用户数据,包括用户的家庭基本信息、喜爱的产品信息、各类交易的存留数据,以及与其他客户的资金往来和交易贷款习惯等,这些都是银行业的隐形财富。近年来,某银行尝试采用线上与线下结合的方式开展转型业务:一方面,在线下开设分支网点,拓展业务;另一方面,在线上组织专业人员搭建线上渠道,进行宣传。某银行近年来借助金融科技的东风,不断推出相关产品,力图在线上金融交易市场中占据一席之地。在网上银行、手机银行、微信银行等相关业务的基础上,某银行进一步推出掌上银行、金e融等网络平台,满足不同用户的移动端需求。伴随着新业务的开展,某银行大力打造互联网金融的服务队伍,力求建成有吸引力的网上平台,从而实现吸引新客户、采集客户数据及销售产品等功能。

2) 某银行营销存在的问题

某银行营销存在的问题主要表现在以下5个方面。

(1) 企业文化建设不成熟。企业文化可以为企业产品或者服务增加价值，优秀的企业文化可以有效地提高顾客对产品或者服务的满意度。某银行一直将"创无止境，心有未来"作为品牌理念，以大客户战略作为基本战略，但是在小客户市场上投入得不够。

(2) 市场开发定位不清晰。某银行虽然已经开始重视客户的真实需求，但是仍然依托现有的金融产品，以单一的宣传手段吸引客户，没有结合客户的真实需求进行产品设计与创新。某银行应当密切关注客户的有效需求与消费行为的变化，针对不同的客户有的放矢地介绍，甚至开发不同的金融产品。

(3) 产品定价策略不完善。某银行的定价策略相对单一，在给产品定价时，先考虑的是产品成本，而没有结合市场数据分析与预测进行定价。目前，很多机构采取先获客再利用经济规模效益压缩成本的方式占领市场，即在积累足够的客户资源后通过各种层出不穷的新型金融产品获利。之前，某银行曾通过降低服务费的方式吸引客户，但是效果不是很理想，原因有以下两点：一是没有充分了解市场的真实需求情况；二是没有准确地了解潜在的客户资源。此外，由于某银行在评估风险方面比较严格，导致其融资成本过高。

(4) 促销手段落后。银行业已经是一个买方市场，这意味着仅仅依靠服务和产品远远不够，还需要将更多的宣传与营销的因素加入进来。然而，某银行的宣传手段较为单一，甚至没有把产品与宣传的内容有机地融合在一起。此外，某银行对现今市场(尤其是金融线上场景及新的金融产品)缺乏调查与研究，没有确定合理的宣传方针，同时较少利用各种最新的互联网宣传手段。

(5) 产品大同小异，缺乏创新性。某银行目前的产品还只是之前的几大类产品，与其他类似机构的竞品差别不大，没有设计满足客户需求的产品。

3. 基于不同策略的营销方案优化措施

针对前面的分析和某银行存在的营销问题，我们结合之前介绍的营销策略，提出以下营销方案优化措施。

1) 基于STP策略的营销方案优化措施

根据STP策略，可以提出以下两点措施对某银行的营销方案进行优化。

(1) 进一步细分客户市场。某银行将目前的客户划分为中高端客户、个人客户、新客户及偏远客户。其应当以此为基础，利用交易数据对这些客户进行深度分析，进行精准营销。具体来说，某银行可以从以下三个角度进行考量：一是客户的基本信息，包括客户基本情况、家庭状况、开卡数量等，这些信息是大数据分析的基础；二是客户的消费偏好，包括购买的保险理财产品、各种场合的刷卡消费记录等，可以在这些信息的基础上，为不同类型的客户群体画客户画像；三是客户的风险评测，可结合客户在购买保险理财等产品时的表现，对不同客户的风险承受能力进行区分。

(2) 建立定位于大数据的数字化营销。随着科技的发展，大数据的应用成本显著降低。因此，建立以大数据应用为核心的数字化营销体系是某银行开展数字化营销的重中之重。应在后台建立数据分析中心的同时，注重平台前端的改造，对已有平台的功能进行升级和优化，让线上金融服务全面渗透到客户的每个方面，根据大数据分析的结果适时推出适合不同客户的产品，从而提升用户黏性。

某银行利用大数据业务进行数字化营销，好处在于能够将线下及线上的有关业务进行融合，对顾客信息和各种销售数据进行收集和剖析，更深层次地发掘客户需求，在各项数据的基础上实现营销决策。具体来说，根据不同的场景(如购房、教育、装修、医疗、旅游、购车、婚礼等场景)对顾客的消费行为进行划分，并依据其特点和差异制定有针对性的销售策略，研发金融产品，实现对客户的精准营销。

2) 基于4P策略的营销方案优化措施

(1) 产品策略建议。某银行应当主动求变，一方面针对不同的客户推出差异化产品，以满足客户的需求；另一方面，密切关注市场变化，及时推出新产品，跟上市场的脚步。具体来说，产品策略建议主要包括以下两点。

① 进行产品差异化设计。在金融科技浪潮的席卷下，市场的金融产品呈现出多样化、分层化和专业化的特点。在这种背景之下，某银行不能再局限于以往单调的金融产品，要能给顾客提供多种多样的金融产品，这就要求银行具有与时俱进的商品研发能力。在商品研发过程中，不仅要关注客户需求，还要响应当下相关的金融政策，并依照数字金融产业链，完善剖析市场和调研工作。

② 实现客户需求精准化。当下，某银行的营销问题主要体现在不能根据不同顾客的需求开展销售工作。为了解决该问题，银行首先要通过数字化金融的方式掌握不同客户群体的真正需要，然后在此基础上针对不同的消费者开展相应的市场调研与分析，拿出能被消费者接受的个性化服务产品。

(2) 价格策略建议。其包括以下两点。

① 实施价格差异化策略。某银行应当针对不同层次的消费群体提供差异化的商品。在利用大数据进行分析的前提下，针对顾客不同的消费水准、行业地区、信用等级等，综合剖析顾客行为和实际风险收益，把适合的商品推荐给适合的顾客，建立成熟的价格差异化机制，提高银行在市场中的竞争力。

② 为客户提供一定的优惠政策。优惠政策是某银行维持用户黏性和吸引新客户的重要策略，比如：对于老客户，可减少和免除某些费用；进行消费时，可通过返点等方式回馈客户；使用移动端办理业务时，可以给予手续费减免等优惠。同时，应做好消费者的反馈工作，以持续改善政策内容，从而深层触达消费者的需求。

(3) 渠道策略建议。其包括以下两点。

① 强化网络渠道。某银行应当大力发展网络银行业务，给顾客带来更多的便利。此外，在开展网络银行业务的同时，应不断加深对数字金融的了解。

② 创新网络渠道。某银行应当加强现有营销渠道的创新力度，在方便顾客的基础上优化顾客体验。以某银行目前积极推广的掌上银行App为例，该软件整合手机银行、手机秒贷、金e融等各项功能，并随时更新最新的优惠政策，使顾客通过使用App，完成大多数的日常出行及生活支付、购买产品和银行商品等行为。

(4) 促销策略建议。其包括以下两点。

① 互动式促销。传统的营销手段主要是以信息宣传为主，多采用电视广告及公共交通广告等形式，这种方式只能将信息展示给大众，不能把具体的营销信息传达给每一位客户。随着互联网的发展，可采用的营销手段层出不穷，目前很多企业以微信、微博这种社交平台为依托，不仅可以传达信息，还具有一定的互动性。某银行需要在这方面加大投入力度，例如：在微博上发起一些活动，以提高客户的参与程度；将活动转发到朋友圈，可减免手续费或赠送礼品；开通企业微信公众号，不仅可以随时发布相关信息，还可以及时

收到客户的反馈。这种新模式的好处在于客户的体验感更强,若客户有问题,问题也能得到及时的解决。

② 精准促销。某银行可凭借大数据对顾客及市场做精准的剖析,在了解市场方向和相关政策的基础上,开发符合客户需求的产品。某银行要从战略角度上重视培养能进行精准营销的新型营销人才,在打造大数据分析团队的基础上,要求新型营销人才能将数据分析结果用于实战,推演出不同类型客户在不同时段的购买意向,在营销时做到有的放矢。